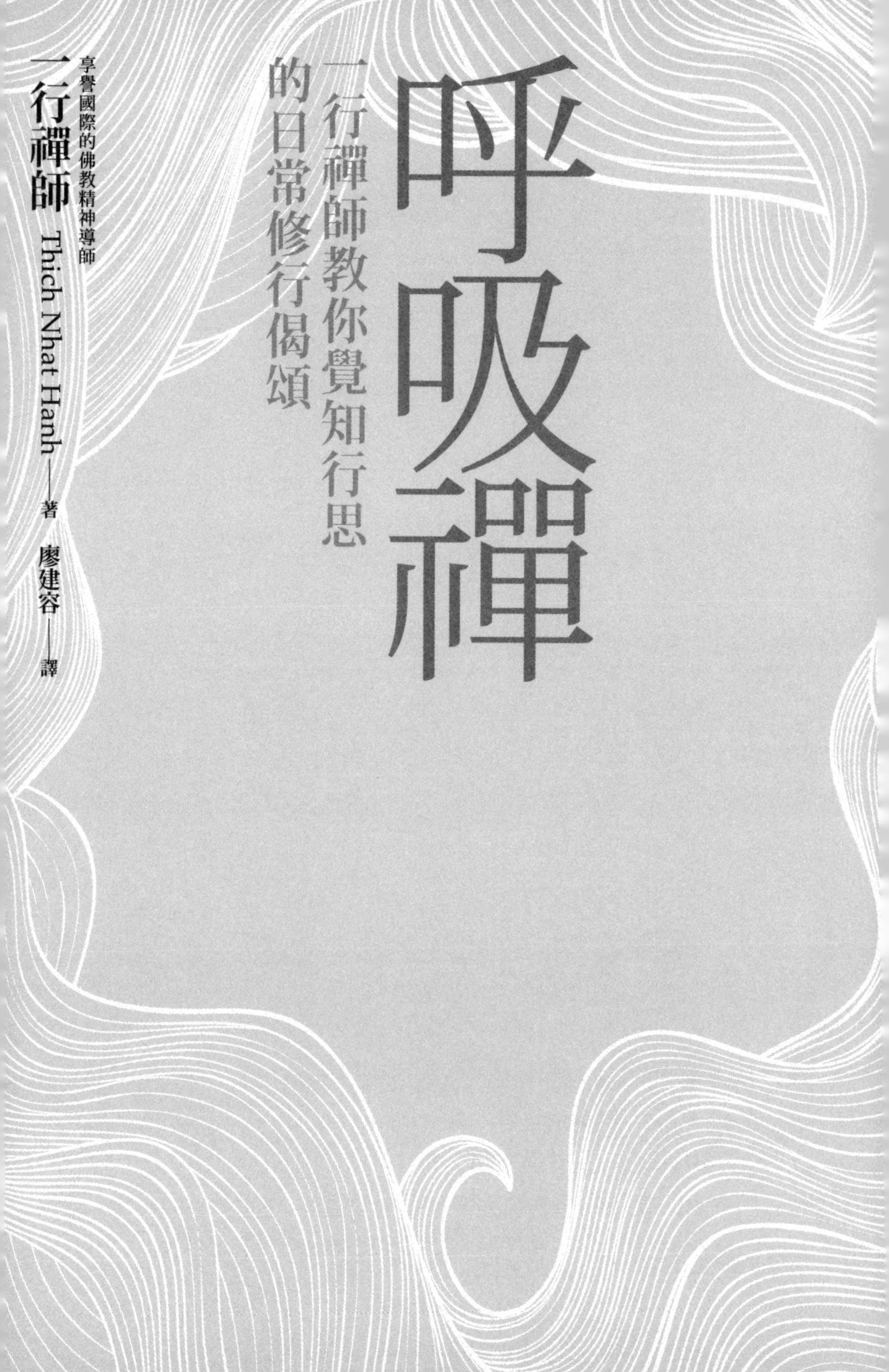
呼吸禪
一行禪師教你覺知行思
的日常修行偈頌
享譽國際的佛教精神導師
一行禪師 Thich Nhat Hanh——著
廖建容——譯

醒來我微笑
全新的一天
活在正念中
慈眼視眾生

Contents／目　錄

自序

當我還是個在佛學院就讀的年輕僧侶時，我總是探求如何將我們研讀的佛法應用於現實生活中。我堅信正確實踐佛法會對我自己、周遭的人們，以及我的國家有所助益。我想學習「應用佛學」（Applied Buddhism）的渴望非常真實且強烈，但「應用佛學」一詞在當時還不存在。我們在那個時代研習的佛法論述與修行方法，對像我一樣的年輕人來說難以付諸實踐，部分原因在於詞語艱澀難懂，部分原因則是它們並未直接觸及現代社會的人們所遭遇的苦痛與困境。

我們需要可以用來面對貧困、不公義、不平等與國家獨立等議題的具體修習方法。在中世紀時期，佛法扶助我的國家與同胞卓有成效；及至現代，

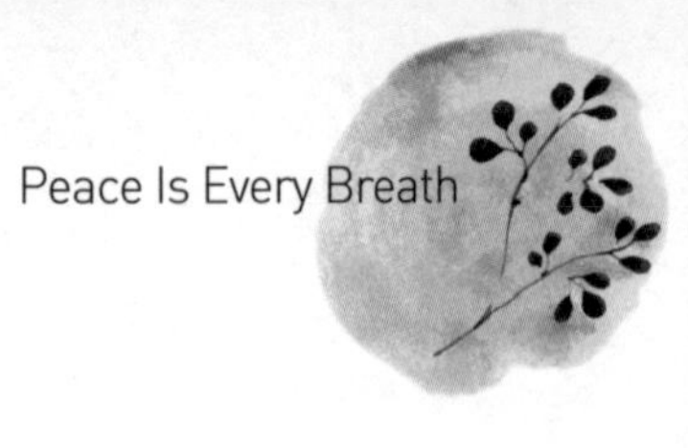

若佛法無法順應時代的變遷，將無法繼續啟迪人們，使人類社會變得更好。因此，我們這些佛法實踐者所面臨的挑戰是，如何重新闡釋佛法。

後來我成為一位佛法導師，我試著以我那個年代的人們能夠輕鬆理解的語言開示佛法，教導他們有助於減輕苦痛的修習方法，使他們擁有足夠的平安喜樂，能夠感受到幸福並幫助他人。我與佛學院的年輕學子展開了一場生活實驗，傳揚這樣的佛法與修習。

一九六〇與七〇年代，在推行佛法修習的早期，我們提倡所謂的「入世佛教」（Engaged Buddhism）。結合年輕的僧眾與俗眾，我們創立了一個組織，致力於提升偏鄉民眾的生命品質。我們成立了青年社會服務學院（School of Youth for Social Service, SYSS），培訓年輕的僧眾與俗眾，在健康醫療、教育、經濟與開發等領域，盡一份心力。我們也致力於推動和平與和解。由於當時正值戰亂時期，這項工作格外艱困與危險，學院的多位師生也因此喪命。

我在一九七四年寫成《正念的奇蹟》（*The Miracle of Mindfulness*）一

書，作為青年社會服務學院的學員們的禪修指導手冊。寫作該書的目的，是為了協助和平工作者與社會工作者透過佛法修習滋養自身，讓他們在充滿懷疑與暴力的環境中仍然保有力量，持續從事服務工作。《正念的奇蹟》出版後廣獲接受，並翻譯成多種語言。一九九一年，我們出版了《橘子禪》（*Peace Is Every Step*），書中包含一系列簡短章節，扼要說明如何將正念與安和融入日常生活的不同面向。那本書引發了比《正念的奇蹟》更大的迴響。

本書是《正念的奇蹟》與《橘子禪》的延續，同樣簡短易讀且易於實踐。我保證，即使你的生活忙碌，每天仍然有許多機會，能夠感受到真正的平安與喜樂。請讓本書陪伴你活出更幸福的人生，就從現在開始。

前言

每個人的生命都需要有靈性的層面。我們都需要靈性的修練。如果我們能夠規律且扎實地修習，就可以轉化內在的恐懼、憤怒與絕望，克服日常生活中難免會遇到的各種困境。

好消息是，這樣的修習可以在一天當中的任何時候進行；你不需要刻意挪出一段時間，專門用來做「靈性的修行」。培養正念與專注的能量，就是一種修行。

不論你正在做什麼，你都可以選擇保持正念與專注，全心全意投入你所做的事情；你的行動變成一種靈性的修行。正念吸氣，回到當下，安住於此時此地。吸氣，你知道你是真的活著，就是一種修行。每個人都可以做到正念呼吸。吸氣，我知道我在吸氣——這就是正念呼吸。

正念呼吸的修習或許很簡單，但效果非常巨大。專注於入息，放下過去、放下未來、放下種種計畫。心回歸身體，身心一如，我們真正的活著，活在當下一刻。我們回家了。只要一個呼吸，就能使我們真正的存在，真正的活著。正念的能量在我們之中生起，我們真正活在此時此地。

當我們回到自己，正念讓我們知道我們的身體背負著許多的緊張或痛苦。正念讓我們與身體、感受、思想、環境正在發生什麼產生連結。心回歸身體，我們真正的存在，真正的活著，身心一如，在當下一刻覺知內在與周遭的一切。持續保持正念，就是專注。

正念與專注是修行的核心能量。我們可以正念喝茶、正念準備早餐、正念淋浴，所有這一切都是靈性的修行，給我們力量去處理日常生活與社會往來中會遇到的各種難題。

不論你身在何處，只要你能夠覺察你的身體以及它正處於放鬆、緊張還是疼痛的狀態（甚至是這些感受同時出現在身體的不同部位），你就已經有了理解、覺醒、覺察與覺悟。當你發現你的身體有些緊張或疼痛，你可能會想要做些什麼來緩和這些感受。一呼一吸，我們對自己說：「吸氣，我覺察身體的緊張或疼痛；呼氣，我釋放身體的緊張與疼痛。」這就是對身體的正念修習。

我們每個人都能夠修行。你無法說：「我實在太忙了，沒時間修習。」不可能。當你從一棟建築走到另一棟建築，或是從停車場走到辦公室，你總是可以享受正念步行，享受你踏出的每一個步伐。保持正念踏出的每一步，都可以幫助你釋放身體的壓力、釋放情緒的壓力，為你帶來療癒、喜樂與轉化。

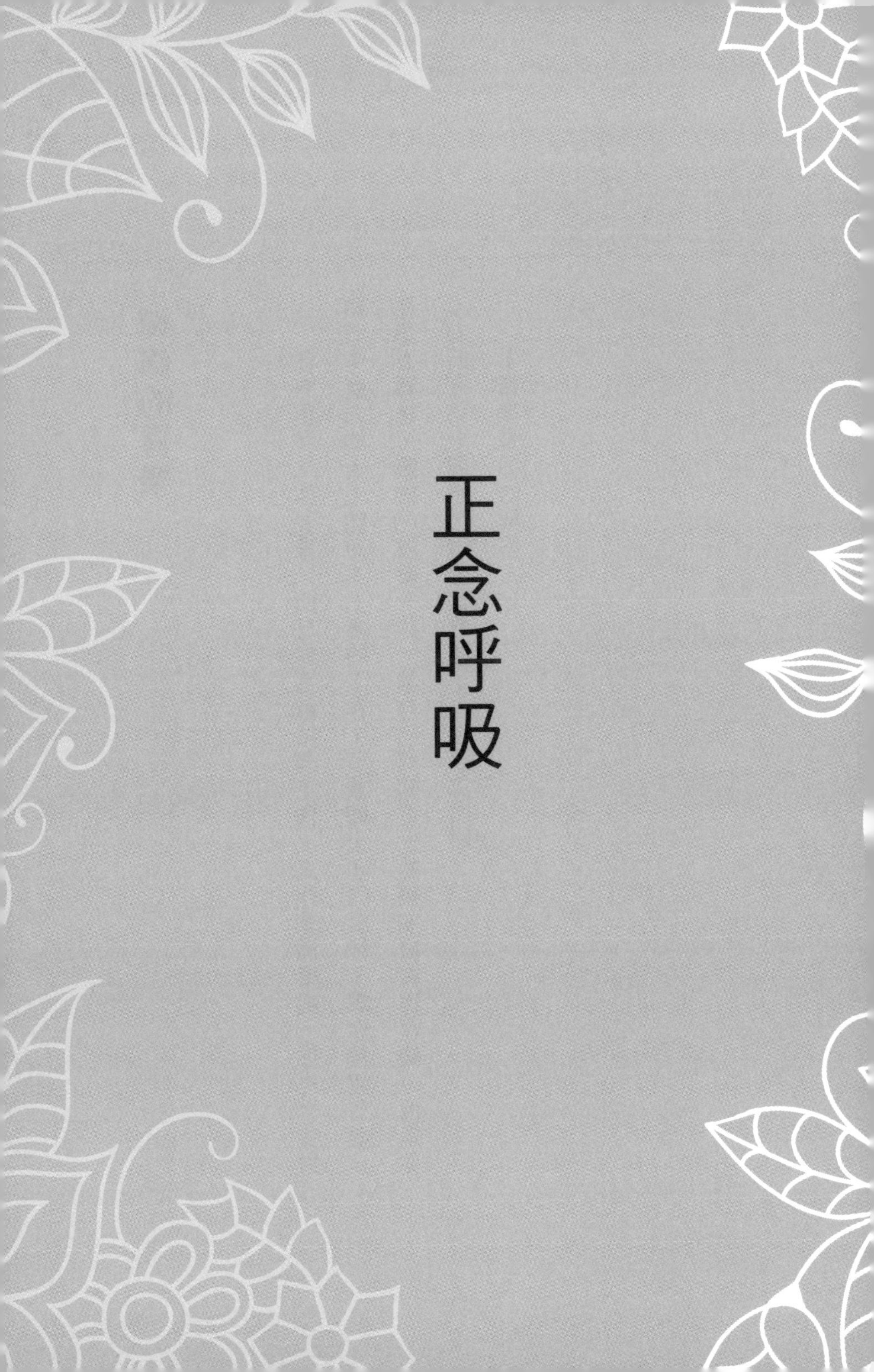

正念呼吸

禪修的喜樂

你有很多工作要做，而且你喜歡這些工作。工作充滿樂趣，你也享受當個有生產力的人。然而，太多的工作，要兼顧太多的事情，讓你精疲力盡。你想要禪修，讓自己放鬆一些，讓自己感到更加的輕安自在與喜樂。但是你沒有時間每天禪修。這是個難題——你該怎麼辦？

本書就是你的解答。

每天早上醒來

醒來的那一刻，你可以微笑。那是個覺醒的微笑。你覺知新的一天展開了，生命賜予你嶄新的二十四個小時，那是最寶貴的禮物。你可以在心中默唸或朗誦以下的偈頌：

醒來我微笑
全新的一天
活在正念中
慈眼視眾生

你可以趁著躺在床上、四肢放鬆舒適時，唸誦這些詩句。吸氣，唸第一句；呼氣，唸第二句。吸氣，第三句；呼氣，第四句。然後，你帶著微笑坐起身來，把腿伸下床，穿上拖鞋，走向浴室。

every moment is a gift of life

每一刻都是生命的禮物。

轉開水龍頭，洗洗臉

如果你知道如何對你所做的每件事保持覺察，那麼當你在洗臉、刷牙、梳頭、刮鬍子和淋浴時，都可以感受到幸福。例如，當你轉開水龍頭時，你可以看著水從水龍頭流下來，想著這些水是從哪裡來的。你可以唸誦下列的偈頌：

水源自高山
水來自地心
感恩水溢溢
滋潤眾生命

這首偈頌可以幫助你覺察水從源頭來到洗手臺的整個旅程。這就是禪修。你也會看到，一轉開水龍頭就有水可用是一件多麼幸運的事。這個領悟將使你感到幸福。這就是正念。

正念，即是覺察，覺知到當下此刻所發生的事。此刻正在發生的，是你轉開了水龍頭，水流瀉而出。在法國的梅村，有時候我們會遇上停水。碰到這種情況，會讓我們想起無水時的辛苦，以及有水時的幸福。唯有當我們體驗過受苦的日子，才會意識到自己擁有的幸福！

我總是喜歡慢慢旋開水龍頭，用雙手掬起清涼的水，把水輕輕潑在臉上。在法國，冬天的水真的非常冰冷。感受冷冽的水流過我的手指、眼部和臉頰，給我清新舒適的感覺。請全心全意，真正的體驗這個感受。讓冷水將你喚醒。享受這份喜樂。此刻的你很快樂，因為你知道如何珍惜水這份禮物，也知道如何滋養你的感恩之心。

如果你習慣將水注入洗手臺洗臉，也是同樣的道理。覺察每一刻，別讓思緒飄走，滿腦子想著其他的事情。此刻你的第一要務，是體驗每個動作帶來的喜樂。別急著結束洗臉的動作，趕著去做別的事。這就是禪修。禪修讓你每一刻都真正的活著。禪修讓你能夠清楚意識到，每一刻都是生命的禮物，來自天地的禮物，這就是「禪悅」。

刷牙

這是個挑戰。接下來你要花一、兩分鐘的時間刷牙。你要怎麼做，才能在這整個過程中真正感受到幸福？不要急。不要急忙趕著把牙刷完。將注意力集中在刷牙的動作。

你有刷牙的時間，也有牙刷、牙膏和牙齒。我已經八十四歲了，每次刷牙時我總是滿心歡喜——到了我這個年紀，還有牙齒可刷是一件很棒的事！所以你的挑戰是，在刷牙的整個過程中，保持輕安愉快的心情。如果你能做到，你就成功了。這便是禪修。

下列是刷牙時可以唸誦的偈頌：

刷牙與漱口

願說慈愛語
正語吐芬芳
花開在心田

唸誦此偈頌的目的，是幫助我們把覺察帶到當下。不要為了唸誦而唸誦。假如我們已經能夠保持正念與專注，知道如何安住當下，不唸誦偈頌也很好。

沐浴與著裝

當我們淋浴、刮鬍子、梳頭髮和換衣服時，可以延續刷牙時的修習。把所有的注意力放在我們正在做的事情，以輕快且從容不迫的方式完成這些動作，讓自己感到快樂自在。我們明白，在這一刻，盥洗、刮鬍子或梳頭，就是我們生命中最重要的事。別讓慣性思考將你的思維帶到過去或未來，也不要陷入擔憂、悲傷或憤怒。

像這樣修習正念，只要三天就會看見進展；就像練習彈奏樂器、唱歌或是打乒乓球一樣。練習深刻且自在的過著生活的每一刻。如果這確實是你想要的，你需要做的就只是停止追逐過去與未來，放下所有的憂慮，回到此時此刻。

靜坐與呼吸

有些人會靜坐半小時、四十五分鐘或更長的時間。在此，我只想請你靜坐兩三分鐘。如果你覺得你很享受靜坐，不想停止，那麼你可以繼續坐下去。

如果你家裡有佛桌，你可以坐在佛桌的附近；如果沒有，你可以選擇任何合適的地方，像是坐在窗前望向窗外。舒適的坐在坐墊上，雙腿盤起，膝蓋著地；讓臀部和雙膝成為三個支點，這種坐姿非常穩定。像這樣安穩的坐著，靜下心，就算長時間靜坐雙腿也不會發麻。你可以嘗試不同大小與厚度的坐墊，直到找到最適合你身體的坐墊。

你也可以點上一支香，營造莊嚴的氛圍。雙手沉著持香，專注於點香的動作，然後把香插在香座上。當你點香時，保持正念和專注，心意集中。

坐下來，保持背部與頸部於一直線，但不要變得僵硬或緊繃。吸氣的時

候，注意氣息進入胸部和腹部；呼氣的時候，注意氣息從腹部和胸部呼出。

吸氣，我感覺氣息進入我的胸部和腹部。
呼氣，我感覺氣息從我的胸部和腹部呼出。
吸氣，我覺察到我的整個身體。
呼氣，我對我的全身微笑。
吸氣，我覺察到身體有些疼痛或緊繃。
呼氣，我釋放所有疼痛與緊繃的感覺。
吸氣，我覺得輕安。
呼氣，我覺得自在。

你可以在一天當中的許多時候做這樣的修習，不論是工作中或任何時刻，讓自己重拾開闊、放鬆與心曠神怡的感受。

準備早餐

準備早餐也是一種禪修！煮水、泡茶或咖啡、準備一碗燕麥粥、烤麵包、切水果、擺好餐具——所有的動作都能正念的完成。保持正念行事，意味著當你進行每個動作時，你都清楚覺察到當下發生了什麼事，以及你做了什麼麼事，而且你在這個過程中感到喜樂。正念是一種能力，用覺察之光照亮此時此地發生的事。正念是禪修的精髓。

當你泡茶時，你清楚覺察到自己正在泡一杯茶。你既沒有回想過去，也沒有預想未來，你的心意全然專注在泡茶的動作上。你保持正念。

正念幫助我們深刻活在日常生活的每一刻。每個人都有保持正念的能力，而知道如何修習的人，可以培養出更強的正念能量，更能夠以平和的心安住當下。

你可以把準備早餐變成一種禪修，並樂在其中。如果當你走進廚房時，家人或室友已經在準備早餐了，你可以加入他的行列。保持正念共同行事，練習活在當下，你就把準備早餐變成了一件愉悅的事。

吃早餐

讓吃早餐變成一段輕鬆寧靜的愉快時光。不要看報紙，不要看電視，不要聽收音機。坐直身體，看著桌上的食物。看著與你同桌的每個人，呼吸，微笑向他們打招呼，表達你很高興與他們共進早餐。

你可以與同桌的人說說話。例如：「媽，我很高興能夠和妳一塊兒吃早餐！」或是「爸，今天的天氣真好，記得到外面走走，躺在吊床上，享受這樣的好天氣。」或是「親愛的，我今天會早一點下班，所以我可以幫忙你準備晚餐。」這類話語表達出你多麼珍惜與摯愛之人同在。這是一種正念的修習。保持正念，早餐時光的對話可以幫助你和所愛的人意識到並珍惜你們擁有的許多幸福時刻。

吃完早餐以後，清理桌面與清洗碗盤可以作為展開一天的快樂序曲。

對治壞習慣

我們都有一些不時出現的心理習慣，其中最值得我們留意的一個壞習慣是，我們經常讓思緒飄到未來。或許這個習慣承襲自我們的父母。當我們的心思被憂慮占據，就無法全然且安樂的活在當下。在內心深處，我們認為自己還不能真正感到幸福快樂——我們需要再完成一些事情，才能享受人生。為了實現「幸福的條件」，我們努力思索、夢想、制定策略與計畫；我們不斷追逐未來，即使在睡夢中也不例外。我們可能對未來有種種擔憂，因為我們不知道將來會發生什麼事，而這些擔憂與焦慮使我們無法真正活在此時此地。

你需要做的修習是，**將你的心意帶回當下**。每當你的思緒習慣性的飄向未來，你要覺察到這個習慣又出現了。你只需要正念呼吸，對著你的習慣能量微笑說：「哦，我又被拉走了。」當你能夠像這樣意識到習慣能量的出現，這些習慣就再也無法影響你，你就可以再度獲得自在，安住於當下。

剛開始練習時，你會發現自己經常被習慣拉著走。安住當下也是一種習慣，一種好的習慣。要養成一個好習慣，需要經過一些訓練。不論是刷牙、洗頭、穿衣服、走路、開車，當你在做諸如此類的行動時，專注於你正在做的事情，感受那一刻的輕安與喜樂。練習觀呼吸，覺知呼吸，你會更能夠覺察習慣的出現，不會被習慣的力量將你從此刻拉走。你會開始感受到解脫，真正的自在，真實的幸福。

這樣的禪修練習叫做「純粹覺察」（simple recognition, bare recognition）。「我親愛的習慣能量，我看見你了，我知道你出現了。」你不需要與它對抗，也不需要壓抑它，只需要覺察它的存在。正念能量可以覺知此刻發生了什麼事，包括壞習慣的能量浮現。

dear habit energy
i see you!

親愛的習慣能量，我發現你了！

掙脫過去的束縛

有些人被過往的思緒與回憶給吞噬了。悲傷、後悔、怨恨和苦惱等情緒將他們終身監禁於痛苦的過去中。他們無法活在當下，做個自由的人。但現實是，過去已經過去了，現在殘留的只是停駐在意識深處的印象或畫面。然而，這些來自過去的畫面仍然纏著我們不放，阻擋我們前進，影響我們現在的行為，讓我們說出與做出我們並不想要的言行，使我們失去了自由。

正念呼吸使我們能夠清楚看見：過去的傷害、威脅與苦痛，**現在已經不存在了**，我們可以安住於此時此地。專注於呼吸，我們會明白心裡一再播放的那些影像並不是真實的，而只要我們記得這個事實，就不會再受到過去的擺布。

這就像是搭乘飛機，當劇烈的亂流出現時，安全帶可以讓你穩穩的留在

you are free
to be here

你可以在這裡。

座位上。而正念呼吸就是幫助你度過日常生活的安全帶——它讓你在這一刻感到安全。如果你知道如何呼吸，如何平靜且安靜的坐著，如何正念步行，你就擁有了安全帶，時時都感到安全。在當下此刻，你與生命連結，不再被過去的陰影控制，因為那些苦痛已經都過去了。

如果你過去曾經遭到殘酷的對待、虐待，或是遭受其他的苦痛，你需要做一些練習，幫助自己明白那些不好的事確實發生過，但是你現在很安全，你已經遠離危險了。承認過去的陰影的真實樣貌，你會明白那些陰影並不是真的存在，然後將自己從過去的牢籠裡釋放出來。修習正念呼吸、步行、靜坐與工作，只要幾週的時間，你就能夠釋放自己，舊的創傷再也無法將你拖入痛苦的深淵。

行禪

行禪是一種美妙的練習，有助於我們每一刻都安住於當下。覺知踏出的每一步，體驗發生在生命每個當下的美好事物。你可以沿著人行道、車站月台或是河岸步行，任何地方都可以，隨著呼吸的節奏調整步伐，按照平常的方式走路。吸氣時踏出一步，默想著，「我到了，我到家了。」

「我到了」意味著**我已經到達我想去的地方，我不需要趕著去哪裡，我不必再追尋任何東西**。「我到家了」意味著**我已經回到了真正的家，也就是此時此地**。只有這一刻是真實的；過去與未來只是把我們拉進悔恨、痛苦、擔憂與恐懼的鬼魅。如果你的每一步都把你帶回當下，那些鬼魅就再也無法控制你。

呼氣的時候，往前走三步，並繼續對自己說：「我到了，我到家了。」

你已經抵達真正的家，領受生命的奇蹟，無需四處追尋更多的東西。你停止奔趕。在禪修中，這叫做「奢摩他」（*samatha*）★，也就是「止」的意思。若你能停下來，在你之中的父母、祖父母與所有祖先亦能停下來。當你自在的行走，你體內每個細胞裡的所有祖先也一同自在的行走。若你能停止奔趕，每一步都專注自在，你就向你的父母與祖先展現了最真實與最具體的愛、忠誠和奉獻。

我已到了，已到家了。
在此時，在此地。
我安穩，我自在。
如實中，我安住了。

此偈頌可以幫助你安住當下。依著這些字句修習，你就能穩固的安住於

★編按：又譯為舍摩他、奢摩陀、舍摩陀，意思是止、寂靜、能滅。

each
step
brings you
back to
life

每一步都將你帶回生命。

當下，就像爬樓梯時握住扶手，就永遠不會跌倒。

「此時此地」是**生命**的住址。我們回到當下，回到真正的家；我們感到平靜、安全與幸福。在此時此地，我們能接觸到祖先、朋友和後代。禪修是為了讓我們能一再的回到這裡。我們踏出的每一步，都會將我們帶回當下的生命。

請你試著練習慢行禪，親眼見證。吸氣時，走一步，對著自己說：「我已到了。」我們的身心必須百分之百投入我們的呼吸與步伐，才能說我們已經到了，已經到家了。如果你的正念與專注很穩固，你就能百分之百回到家，不論你身在何處。

如果你還無法真正百分之百回到家，回到此時此地，那麼不要再走下一步！請停留在原地，呼吸，直到思緒不再飄走，直到你真的完全回到當下。然後你可以露出勝利的微笑，邁出下一個步伐，心中默唸「我已到家了」。

這種穩健的步伐就像帝王詔書上的封印。你的腳步將「我已到了，已到

Solidity and freedom
are the foundation
of true happiness

安穩與自在是真實幸福的根基。

家了」印在大地上。像這樣行走，會生出安定與自由的能量，使你與生命的奇蹟連結。你會從中獲得滋養，獲得療癒。我知道有些人透過全心全意的修習行禪，治癒了多種疾病。

「安穩，自在」意味著你沒有被過去的鬼魅拖走，也沒有被拉到未來；你是自己的主人。這麼說並非自我暗示或一廂情願的想法。當你能夠安住當下，你就真的擁有安定與自由。你不再受過去與未來束縛，不再像有人追著你似的四處奔趕。真實的幸福建立在安穩與自在之上。

歸依

佛陀教導我們，不論何時何處，這世上有個非常安全的地方，隨時等著我們回到它的懷抱。那個地方就是我們真正的自己。在我們內在，有個我們能夠隨時回歸的安全島嶼，在那裡，任何生命的風暴都無法動搖我們。佛陀說：*attadipa saranam*，意思是：「歸依（*saranam*）自己（*atta*）這個島嶼（*dipa*）。」★

當你回到正念呼吸，你就回到自己，回到自己內在的安全島嶼。你在那裡會找到你的祖先、你真正的家，以及三寶。三寶指的是**佛**（指引人生道路的老師，可以是耶穌基督、穆罕默德，或任何一位人生導師），**法**（達致理解與愛的教義與方法），**僧**（一路上支持我們的靈性同伴社群）。

正念呼吸，你歸依自己的呼吸，覺察你的五蘊：色身（色）、感受（受）、認知（想）、心行（行）、心識（識），人是由這五種元素和合而成。

★編按：《涅槃經》：「自為自島嶼，自為自皈依。」（*Attadina vlharatha attapatisarana.*）

正念呼吸將這五種不同元素合而為一。當你呼吸時，你的身體、感受、認知、心行與心識都與呼吸連結；就像當你高聲歌唱時，家裡每個人都會停下交談並聆聽你的歌聲！呼吸可以使你的身心平靜合一，調和五蘊。在那一刻，內在的島嶼成為五蘊安全的歸依處。

在梅村，我們為下列偈頌譜上音樂，我們都喜歡唱這首歌：

做自己的島嶼，
佛陀是我的正念，照耀遠近。
佛法是我的呼吸，保護身心。
我自在。
做自己的島嶼，
僧團是我的五蘊，和諧運作。
歸依自己，回到自己，

我自在。
吸氣，呼氣，
如花朵般綻放，
如晨露般清新，
穩固如山，
堅實如大地。
我自在。
吸氣，呼氣，
我如水面映射真實與真相；
我感覺內心深處有無盡的空間。
我自在。

當你遇到困難與危險，需要保持冷靜以決定什麼該做、什麼不該做時，你可以默唸這首偈頌。例如，假設你搭飛機時突然聽到機上廣播，說飛機遭到匪徒劫持。相較於陷入驚慌，做出讓情況惡化的舉動，你回到自己的呼吸，默唸此偈頌。

當你修持正念，佛陀與你同在，佛的光明照亮你的處境，幫助你看清楚情況，所以你能夠知道什麼該做、什麼不該做。正念呼吸，佛法就在你的心裡，可以保護你的身心。你的**五蘊**代表僧團。呼吸調和五蘊，你的身心成為和諧的一體，就像僧伽的和合、平靜、安寧。在佛、法、僧的守護下，你再無什麼好害怕的。在這種平靜且專注的狀態下，你會知道自己該採取哪些行動，穩定眼前的情況。

在日常生活中，修習此偈頌可以增進安穩、平和與幸福。這是歸依三寶的具體修習，因為當我們修習時，佛、法、僧的能量就在我們之中。世上最強大的安全感莫過於此。即便面對死亡，我們也能安詳逝去。

如花朵般綻放，如晨露般清新

生命需要一點清新，我們才會感到幸福。我們的清新也可以帶給他人幸福。我們就像是人類花園裡的花朵。只要看看孩子玩耍或睡覺就能明白，孩子就是一朵花。他的臉是一朵花，他的手是一朵花，他的腳與脣也是花。我們也是花朵，就和孩子一樣。只不過我們讓自己被生命中的逆境壓得喘不過氣，因此失去生命力。十六世紀的越南哲學家阮秉謙曾寫道：

別再哭泣，別再抱怨，
這是最後一首關於憂慮的詩。
當你不再抱怨，你的靈魂就會回復生機。
當你停止哭泣，你的目光就會再度明晰。

吸一口氣，放鬆身體，給自己一個微笑！臉上憂慮的線條鬆開，嘴角的微笑讓你再度變成花朵。由古至今的雕刻家不遺餘力追求的，就是能在佛像的臉上呈現出一抹清新的微笑，展現溫柔的慈悲。

你的臉上有數十條肌肉，每當你憂慮、心煩或生氣時，臉上的肌肉就會扭曲或緊繃，看到你的人可能會因此被嚇跑。吸一口氣，以不帶評斷的覺察，關照自己的緊繃情緒，然後呼氣，稍微放鬆緊繃的情緒，微笑。持續這麼做，緊張的情緒會隨著你規律的呼吸逐漸消散，你將回復花朵的清新狀態，這個狀態永遠存在你之內。靜下來，放輕鬆，提起精神——這就是禪修中的「止」。

吸氣，我看見自己是一朵花。

呼氣，我感覺清新。

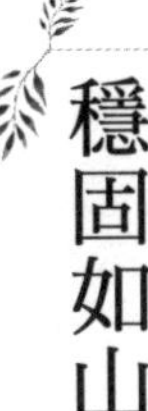

穩固如山

沒有安定，就無法擁有平安喜樂。當我們的身心處於不安定的狀態，我們會顯得焦躁浮動，他人就無法依靠或仰賴我們。因此，練習讓身心回歸安定與穩固，是一項重要的修習。

正念呼吸，靜心安坐，就能重建內在的安穩。當你雙盤腿或單盤腿而坐，你的身心安定，尤其是當你覺知呼吸統合五蘊。（五蘊就是色身、感受、認知、心行與心識。）專注於呼吸，你就有了堅實的基礎，能夠明辨內在發生的一切，並且接納與擁抱這一切。運用智慧與慈悲，你就能夠為生活中的任何困境找到出路。而這會讓你對自己的能力更有自信，也讓你更加安穩。

吸氣，我看見自己是一座山。
呼氣，我感覺安定與穩固。

修習回歸與依止自己內在的島嶼，你會感到更安穩。你眼前有一條靈性的道路，你知道自己正走在這條路上，所以你再也無須害怕任何事——這個事實將使你變得更加安穩。這條道路就是培養正念（念）、專注（定）與智慧（慧）之道，也就是五項正念修習（Five Mindfulness Trainings）。這五項修習或五戒帶領我們保護生命、與有需要的人分享我們擁有的東西、不從事有害身心的性行為、諦聽與說愛語，以及為了身心健康帶著慈悲正念消費（參見〈佛陀之道〉）。

安穩如山。

水面倒影

一池湖水的倒影代表了平靜的心。當我們的心不被憤怒、忌妒、恐懼或憂慮等心行攪起波瀾，它是平靜的。想像有一個高山湖泊，湖面清楚映射出雲朵、天空與環繞的山巒；如果你對著湖面拍照，人家會誤以為你拍下的是真實的風景。當我們的心是平靜的，就能精準映照出真實的世界，沒有一絲扭曲。呼吸、坐禪與行禪能夠使被攪亂的心行（像是憤怒、恐懼與絕望）回歸平靜，讓我們能把現實看得更清楚。

在佛教經典《安般守意經》（*Sutra on the Full Awareness of Breathing*）中，佛陀建議大家修習**心行息**。此處的「心行」指的是負面的心理狀態，像是忌妒、憂慮等等。「吸氣，我覺知我的心行。」我們能說出我們覺察到的心行的名字：這是惱怒、這是焦慮，以及其他心行。不要試圖壓抑它、評斷它或驅趕它，只要認出它的存在，就已足夠。我們修習的是**純粹覺察**；我們不抓著心頭浮現的任何意念，也不試圖趕走它。

「呼氣，我平靜這些心行。」保持正念呼吸，覺察並擁抱自己的心行，它們就有機會平靜下來。這與稍早提到的身體的正念修習相似，也就是釋放身體的緊張與疼痛，《安般守意經》也提到了這項練習。

作為一個禪修者，你要練習深觀，而不只是把禪學當作知識或理論來研究。在你的心行和情緒出現時，你要練習使它們平靜下來。唯有如此，你才能主宰自己的身心，避免內在的衝突，以及與所愛之人和其他人的爭執。

安度風暴

有些年輕人無法應付內在湧起的情緒風暴，諸如憤怒、憂鬱、絕望等等，以致於產生了輕生的念頭。他們相信，輕生是止息痛苦的唯一方法。在美國，每年約有九千五百名青少年自殺身亡，日本青少年的自殺率甚至更高。似乎沒有人好好教導這些孩子如何處理強烈的情緒。

假如我們能夠教導青少年如何平息心中的強烈情緒，使他們不再滿腦子想著輕生，那麼他們就有機會轉念，再度擁抱生命。但是在教導別人之前，我們自己需要先學會這些方法。不能等到被強烈情緒淹沒時，才開始修習；請你從現在開始練習，下次當情緒風暴來襲時，你就會知道如何平息它。

首先，你要明白，情緒就只是情緒而已，儘管是強烈的情緒。情緒只是你的一小部分。我們的個人領土非常廣闊，包括身體、感覺、認知、心行和

心識。情緒只是我們諸多心行之一。情緒來了，停留一段時間，然後離去。我們為何要為了某個情緒而想不開？

請把強烈的情緒視為一種風暴。假如我們具備應對暴風雨的技巧，就能安然度過風暴。暴風雨的侵襲可能持續一小時、幾小時，或是一天。假如我們掌握了讓心境平靜下來且保持穩定的方法，就能更輕鬆的度過情緒風暴。

請盤腿而坐，或是平躺下來，練習腹式呼吸。心意完全集中在你的腹部，看著呼吸時腹部的起伏。深呼吸，繼續把所有的注意力放在腹部。不要思考。停止所有翻來覆去的腦部活動，專注於你的呼吸。暴風雨來襲時，樹梢會被強風吹得劇烈搖擺，隨時可能折斷；相對來說，樹幹比較穩定與堅固，因為樹根深入大地。樹梢就像是你的頭部，那個想個不停的腦袋。

風暴來襲時，你要離開樹梢，到樹幹處尋求庇護。你的根就位於你的腹部，在肚臍的下方，也就是中醫所謂的丹田。把所有的注意力集中在丹田，深呼吸。不要想任何事情。這麼做，即使遭遇情緒風暴的侵襲，你仍然能夠安然度過。每天只要練習幾分鐘，三週之後，你就有能力安度情緒風暴。

當你看見自己毫髮無傷度過風暴，你會對自己產生更多信心。你可以對自己說：「下次當情緒風暴來襲時，我再也不會害怕或被影響，因為現在我知道如何克服它。」你可以把這個方法傳授給你的孩子，讓他們也能享受丹田呼吸帶來的安全感。握著孩子的手，請他和你一起呼吸，把所有的注意力放在腹部。孩子的年紀雖然小，還是有可能會產生強烈的情緒，他們同樣可以學習透過呼吸度過情緒風暴。一開始可能需要你的帶領，但練習一段時間後，孩子就有能力自己練習了。

假如你是一位教師，你可以教導學生練習腹式呼吸。只要有幾個學生開始練習，日後當強烈的情緒風暴在他們心中翻騰時，他們不會選擇輕生；你挽救了他們的性命。

以坐姿練習腹式呼吸是最理想的，但你也可以選擇躺著練習。若你是躺著練習，可以在腹部上放個熱水袋，讓練習過程更舒適。

無盡空間

空間代表自由自在。少了自在，我們如何能感到幸福？那麼，是什麼原因使你失去了自由自在？是因為你被憂慮、過勞、忌妒等等占據了嗎？

或許你認為擁有權勢和財富以及受人肯定，可以帶給你幸福。但假如你認真檢視這個想法，會發現其實有許多擁有財富、名聲與影響力的人並不幸福。為什麼？因為他們沒有真正的自由。

你有很多事要忙，你希望在人生的每個方面都能夠成功。這個想法沒有錯，但你應該妥善安排生活，讓每天的工作能夠真正為你帶來幸福快樂。別讓自己迷失在工作中，因為工作而陷入憂慮、惱怒與沮喪。請以自在的心工作。你應該留點時間給自己和周遭的人，也應該留點時間給愛。我所指的「愛」並非慾望帶來的刺激感，而是留點時間關心他人，做些事讓他們幸

福，幫助他們少一點苦痛。

你能給所愛之人最珍貴的一份禮物，就是空間——不論是內在的空間，還是外在的空間。不要因為忙碌、煩惱與失望，而忘了要真正活著。你要學習放下種種憂慮，活在喜樂中。這是一門藝術。練習放下不重要的事物，也就是放下無法帶給你幸福的事物。你若能放下，就能擁有更多空間。

想像有一個人到二手市場，他看見一件很便宜的東西，於是立刻把那個東西買回家，雖然他其實並不需要它。只要看見便宜的東西，他就忍不住要買回家。幾週之後，他的家裡堆滿了各種物品，連進出都有困難。他在家裡走動時，總是會撞到他買回家的東西。他已經沒有足夠的生活空間了。我們的內在也是如此。當我們的心被憂慮、恐懼與懷疑占據，就沒有空間好好去生活與愛。我們需要練習放下。

吸氣，我看見自己是無盡的空間。

呼氣，我感覺自由自在。

佛法教導我們「離生喜樂」，放下才能生出喜樂。請你坐下來，盤點一下你的生活。你執著於太多無用的事物，這些東西使你失去了自由。請你鼓起勇氣放下這些東西。超載的船只要遇到大風或巨浪就會翻覆。減輕你的負荷，你的船就能行走得更輕快、更平安。你可以將這份自由與空間帶給你愛的人，但前提是你的內在真的有這份自由與空間。

理解與愛

修習「慈悲觀」可以帶來自在與喜樂。慈能予樂，悲能拔苦。慈的意思是為他人帶來快樂；悲意味著減輕他人的苦痛。要開啟慈悲的大門，關鍵在於我們能否了解自己與他人的苦痛與困境。如果我們能夠看見並了解自己的苦痛，也就更能夠看見與了解他人的困境；反之亦然。

這是修習深觀「四聖諦」（Four Noble Truths）中的第一與第二聖諦；四聖諦是佛教的四個微妙和聖善教法，分別為：**苦諦**，也就是苦痛；**集諦**，苦痛的原因；**滅諦**，苦痛的止息，獲得幸福快樂是可能的；**道諦**，離苦得樂之道。當我們看見並承認我們的苦（苦諦），然後深觀我們的苦痛與受苦的原因（集諦），就能找到解決的方法，也就是解脫之道（道諦）；踏上離苦之道，轉化與終止苦痛（滅諦）。

舉例說明修習的方法。有一位父親讓他的兒子很痛苦。這位父親沒有意識到自己讓兒子不好過，也讓自己不好過。他真的以為他對待兒子的方式是最好的。但事實並非如此。

事實上，這位父親的內心有很多苦痛，但他並沒有看見這些苦（苦諦：看見並承認苦痛），並且尋找苦痛的根源（集諦：受苦的原因）。他不知道該如何處理自己的苦痛，不但傷害了兒子，還認為自己的不快樂全是兒子造成的。

或許這位父親在年幼時就遭到自己父親（也就是祖父）的傷害。多年前，祖父把所有的憤怒與苦痛發洩在父親身上；現在，做父親的重蹈覆轍，把所有的憤怒與痛苦施加在兒子身上。人的苦痛由上一代傳給下一代，不斷輪迴。父親沒有領悟集諦，也就是自己受苦的原因。因此，兒子要開始修習：

吸氣，我看見五歲的自己。
呼氣，我對著活在我內在那個五歲的自己微笑。
吸氣，我看見我內在那個五歲的自己脆弱又傷痕累累。
呼氣，我帶著所有的理解與愛，擁抱內在那個五歲的自己。

這是修習的第一部分，回歸自己，看見並擁抱你內在的小孩。長久以來，你忙得沒空做這件事。現在你要回到自己，對那個孩子說話，也傾聽他說話，然後擁抱他。療癒的過程由此展開。

在我之內的父親，在我之內的母親

當你熟悉第一部分的修習之後，就可以進入第二部分：

吸氣，我看見我的父親是個五歲的小孩。

呼氣，我對那個五歲的父親微笑。

或許你從未想像過父親小時候的模樣。事實上，你的父親也曾經是個脆弱、易受傷害的孩子，就像所有的小孩一樣。

吸氣，我看見那個五歲的父親脆弱又傷痕累累。

呼氣，我帶著所有的理解與愛，看著這個受傷的孩子。

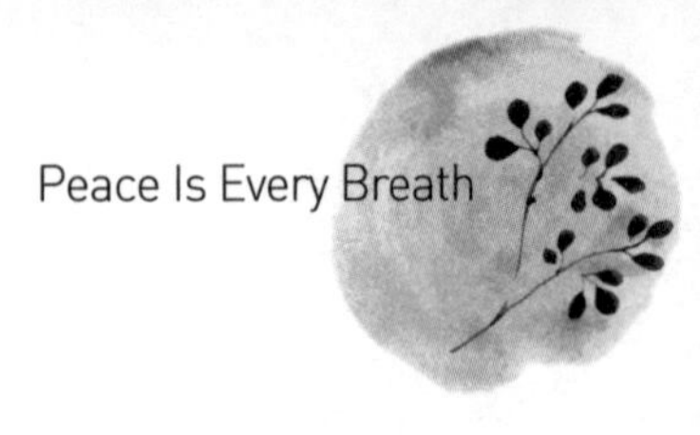

許多人與父母的關係很痛苦。你可能直到現在才意識到，那個變成你父親的五歲孩子，至今仍然存在你的內在，也在父親的內在。你的父母都將自己的所有傳承給你。事實上，你和你父親並非截然不同的兩個人，雖然你們也不是同一個人。你與母親的關係也是如此。這種微妙的智慧可稱作「非一非異」——既不是完全相同，也不是全然不同。

你的內在有兩個五歲小孩，一個是童年時期的你，一個是童年時期的父親。假如你能擁抱其中一個孩子，就能擁抱另一個孩子。然後，你與父親的關係很快就會發生轉化。若你父親在年輕的時候有機會做這項修習，他就不會對他自己和你造成傷害。但他不像你這麼幸運，所以要由你來做這項修習，為了你自己，也為了在你之內的父親。當你能夠轉化在你之內的父親，你就能幫助你真實的父親獲得轉化。這項修習可以促成我們本身與父母的內在轉化，同時避免悲劇在我們的孩子身上重演。痛苦的輪迴到此為止。

對於痛苦與痛苦根源的深刻理解，會使我們生出接納與愛的能力。當我們有能力去愛與接納，我們會感到健康愉快，也有能力幫助其他人轉化——或許是叔叔阿姨、兄弟姊妹或是同事朋友。

在你之內有一顆心行的種子叫作「般若」（*prajna*），也就是「智慧」，意思是深刻的了解。當你產生深刻的了解，情況就能改變。般若就是看見與了解我們內在的苦痛，以及苦痛的本質與起源。運用上述方法修習深觀，就能提升觀照的能力。我們應該讓深觀的能力時時刻刻與每個心理活動同在，但我們有時候會忘記這麼做，或是根本沒有這麼做，尤其是在情緒激動的時候。在這種時刻，我們需要正念。正念是我們在修習時最重要也最需要的心行。要記得，正念永遠可以帶來智慧。當我們擁有智慧，自然而然會變得更有包容力、更能寬恕他人，同時擁有更多的愛與幸福快樂。欠缺智慧，就會脫離正軌，走向憤怒、忌妒、仇恨與受苦的方向。

覺察藏識

我們看見、聽見、思考與體驗的一切，都會儲存在意識的深處。在佛教中，這稱作**藏識**（store consciousness）。藏識相當於西方心理學家所謂的潛意識，它接收、處理與貯藏了各種資料。我們的喜樂、憂慮、恐懼與挫折全都被保留在這個巨大的資料庫裡。它就像是我們腦袋裡的硬碟。擔憂與期待之類的心行或許不會在某個時刻顯現出來，但它們永遠存在於意識的深處，就像潛藏的種子。佛教心理學把這種心行稱作**隨眠**（*anusaya*）★。

這些種子雖然正在休眠，但隨時可以重新活化、發芽，進而掌控你的心。它們從資料庫裡擷取過去發生的事，然後不斷在你的腦海裡播放這些片段，把你拉進往事中，脫離了當下的真實生活。你此時此刻看見或聽見的事物，觸發了往事的記憶，那些記憶浮現後，會占據你的腦海，使你對眼前的

★編按：梵語 anuśaya，巴利語 anusaya，煩惱之異名，指煩惱靜靜蟄伏著，沒有任何行動。

事物視而不見、聽而不聞。慢慢的，你整個人會沉浸在回憶構築而成的虛擬世界裡，不再活在真實的世界中。你腦海裡的世界距離現實世界很遙遠；然而你卻堅信，你幻想中的世界才是真實的世界。

那些來自藏識的片段，經常會在你的夢中重複播放。有各式各樣潛藏的種子，因此夢境的內容也不一樣，雖然所有的片段都來自於同一個資料庫。在夢境中，你體驗到憂愁、焦慮、愛、恨、期待、成就、失落等種種經歷。你在夢境中四處活動，如同你在日常生活中一樣，你相信夢境裡的一切都是真實的。當你醒來後，你才發現自己剛剛其實在睡覺。所有的夢境與夢中的你，都是你的意識利用資料庫裡的素材創造出來的。

白天的時候你雖然是清醒的，仍然有可能不時陷入潛意識的幻想世界裡——有時只是幾秒鐘，有時是整整一小時。事實上，你不算是**真正**活在現實世界裡，你對現實世界的看法基本上是由你的藏識所主宰。而修習正念步行與正念呼吸，有助於你安住在現實世界，體驗生命當下的美妙事物，滋養療癒你的身心。

步步是奇蹟。
步步是療癒。
步步是滋養。
步步是自在。

不適當的注意力

念有正念和錯誤的憶念之分。正念的能量可以將我們帶回此時此地，覺察當下發生了什麼事。相反的，錯誤的憶念會把我們帶回過去，讓我們停留在痛苦的往事裡，執著並緊抓住痛苦、擔憂、苦楚、渴望、恐懼，也就是藏識中有害的素材。若你能清楚意識到自己陷入了痛苦的過往，就代表正念正在發揮作用，它使你明白當下發生了什麼事：你的注意力被往事拉走了。這個覺察可以使你立刻掙脫不實幻影的拉力，將你帶回真實世界。

在夢境中，你所看見的事物，也就是意識的關注對象，都只是影像而沒有實質。好比你用數位相機替狗兒拍照，在你按下快門的瞬間，狗兒的影像被記錄在記憶卡裡，凍結在某個時刻，但狗兒其實繼續在現實世界裡跑跳玩耍。你拍下的相片並不是你的狗，它只是被記錄下來的影像。在現實世界裡，你的狗兒可能已經變老，甚至已經死了，但你腦海中的畫面永遠不變，留存在你的藏識中，如同相片的影像留存在相機裡。

當你與現實生活連結，五官會直接感知你看見、聽見與觸摸到的東西，形成感官印象。這些印象相當接近真實，雖然多多少少會被藏識的內容感染。假如你閉上眼睛回想那些畫面，你所感受到的只是我們所謂的「純影像」。

你的潛意識裡裝滿了影像。有時你可能會不斷回想某些畫面，把它當成能夠掩護你的安全地帶，即使那些畫面呈現的是痛苦的回憶。就好像有些哀悼失戀與心痛的歌曲，充滿憂愁悲傷，但你仍想一次又一次聆聽。這些習慣能量是不健康的，對你並無益處。

熟悉又親切的泥塘

有些人無法放下痛苦的過往，自由自在的活在當下，體驗生命中的美妙事物。天上的星月皎潔明亮，山川的景色如此怡人，四季的風貌在我們眼前不斷流轉變換，但有些人就是對此視而不見。他們覺得待在痛苦回憶的深淵裡比較自在。

解脫意味著走出過去的牢籠。我們要鼓起勇氣，離開熟悉又親切的舊習慣。那些東西無法真正帶給我們幸福，但是我們太習慣有它們的陪伴，以致於認為自己永遠離不開它們。越南有句諺語說：我們為何老是要在同一個混沌不清的池塘沐浴，只因為它是「我們的」池塘？為何要放棄清澈的湖泊，或是冰涼清新的大海與一望無際的沙灘？這些生命的喜樂同樣也是「我們的」。我們要修習時時刻刻保持正念，不要讓錯誤的憶念一直把我們拖回過去，把我們困在悲傷、懷舊與悔恨的池塘裡。

我們的心就像信鴿，總是習慣性的回到熟悉又親切的痛苦與不幸裡。正念（也就是覺察）會幫助我們擺脫老是愛重溫舊夢的習慣。請你對自己說：「不，我不想再回去那裡了。我再也不要用悲傷的老歌讓自己陷入愁雲慘霧之中。」一旦正念之光亮起，錯誤的憶念就會退去。

培養對渴求、悲傷、自憐、怨恨等心行的覺察力，也是禪修的一部分。當這些心行顯現時，若我們能夠明辨並擁抱它，它就再也無法牽著我們走了。它會減弱，回歸種子或影像的原始狀態，重新回到藏識裡。

適當的注意

我們透過六種感覺器官（六根）接觸外在的世界以及內在的世界。六根指的是眼、耳、鼻、舌、身、意。這些器官就像是連接著電腦的感應器，當你接受到某個影像、聲音、氣味、味道、觸碰或意念時，你的腦袋收到了信號，立刻開始過濾潛意識裡的資料庫，搜尋與這個感官刺激有關的任何資料。你搜尋到的檔案資料會立刻占據你的腦海，引發擔憂、苦痛、恐懼、渴求或憤怒等心行。

所謂「注意」就是將心導向某個感官對象。我們應該把我們的注意導向能夠喚起正向心行（例如自在、喜樂、手足情誼、幸福快樂、寬恕與愛）的感官對象，這就是「適當的注意」（如理作意）。反過來說，當我們專注的感官對象只會喚起痛苦、悲傷、恐懼與渴求的影像與記憶，就是「不當的注意」（不如理作意）。

我們居住與工作的環境，對於這項修習會產生非常大的影響。當我們選擇有益的居住與工作環境（包括我們在這個環境中可能接收到的感官刺激），將有助於我們接觸有益健康的美麗事物，不論內在與外在，如此一來我們會得到滋養、療癒與轉化。為了我們自己與我們的子孫，我們應該盡可能選擇或是創造有益健康的環境。如果你是政治領袖、在政府的文化部門工作，或是教師或家長，請深思這一點。

正念消費

正念消費意指選擇可以為我們的身心帶來平安與幸福、而非焦慮與傷害的東西（請參考〈佛陀之道〉中第五項正念修習）。深入諦觀，我們會知道如何利用有益健康的食糧滋養身心，同時避免攝取有害的食糧。在佛教中，我們提到了身心攝取的四種食糧：**段食**（可食用的食糧）、**觸食**（感官印象的食糧）、**意思食**（意志的食糧）、**識食**（心識的食糧）。★

段食（可食用的食糧）是我們用嘴巴吃進體內的食糧。人如其食，真的是如此！亞洲人有個說法，叫作「病從口入」。法國人則說，「墳墓是牙齒挖出來的。」我們都知道，現今導致人死亡的原因（不論是心臟病、肥胖或是其他疾病）大多與飲食習慣有直接關聯。當我們採取正念飲食，就不會純粹為了口腹之欲而把有害的東西吃進肚子裡，因為我們知道，片刻的享樂會

★編按：「四食」出處為《雜阿含 373 經》，*Samyukta Agama, Sutra 373*。

導致日後的苦痛。我們在進食前，可以唸誦下面五項觀想：

一、這些食物是宇宙天地的禮物，以及無數眾生以愛心辛勞工作的成果。

二、願我們正念進食，常懷感恩，好讓我們值得受用這些食物。

三、願我們覺察和轉化不善的心念，尤其是貪念，並學習適量進食。

四、願我們心懷慈悲，進食的方式能夠減少眾生的痛苦，停止助長氣候變化，療癒和保護珍貴的地球。

五、我們接受這些食物，以培養兄弟姊妹的情誼，建立僧團，滋養我們為眾生服務的理想。

每週至少一次，我們要提醒自己正念進食，與家人一起用餐前唸誦這五

food is the gift
of the whole
universe

食物是天地的恩賜。

項觀想。

觸食（感官印象的食糧）是我們透過眼睛、耳朵、鼻子、舌頭、身體與心意所攝取的食糧。有些音樂、文章、影片、網站、電玩遊戲、甚至談話可能含有大量毒素，像是渴求、暴力、仇恨、不安全感、恐懼等等。攝取這類毒素會對我們的身心造成傷害。

意思食（意志的食糧）是我們內心深處的動機，也是我們最深的欲望，它驅動了我們每個時刻的所作所為。深觀這些深層欲望的本質，也是禪修的一部分。若某個欲望源自美好的願力，像是終結貧困、仇恨，以及個人、團體和國家之間的分歧，或是促進自由、民主、人權與社會公義，這種有益的意志可以為我們和全世界帶來幸福。如果你想要修習轉化暴力、仇恨與絕望等等煩惱，以長養更多愛、理解與和解，這便是有益的想法。當我們能夠實現這些想法，就能幫助別人也跟著這麼做。這是一種有益的意思食。

相反的，若我們一心只想懲罰與報復傷害過我們的人，或是打倒我們認定的敵人，這就是一種有害的意志。若我們的動機只是想得到很多金錢、權力、名聲與性愛享樂，這種意志會帶來苦痛。我們能否獲得幸福，主要取決於我們選擇並執行哪一種意志。不斷追逐渴望的目標，可能會對我們的身心造成很大的傷害。

識食（心識的食糧）指的是人類的集體意識，我們會在不知不覺中加以吸收內化。我們對幸福與美的概念，以及對倫理道德與風俗習慣的看法，主要來自我們周遭的集體意識。我們或許為自己與家人培養了美善的理想，然而，如果周遭的人們擁有的看法和習慣與我們不同，我們可能會逐漸喪失原有的看法和理想。一開始我們或許會覺得不自在，但一段時間之後，我們會慢慢習慣大多數人的想法，最後甚至盲目從眾而不自知。

有一天，孟母看見年幼的孟子和玩伴在街道上玩起打打殺殺的遊戲，於是她決定帶著兒子搬家，換到一個比較有益成長的環境。若周遭的人都擁有健全的心態，我們就能滋養與保護良好的本性。如果能進一步形成強烈的集體意識，就可以改變與轉化我們的社會。

《四食經》（*Sutra on the Four Kinds of Food*）或稱《子肉經》（*Sutra on the Son's Flesh*）是現代社會迫切需要的觀念。它教導我們如何避免人類社會常見的疾病與苦難，也就是攝取過多的毒素，像是暴力、仇恨與絕望。★

★原文注：我在《蘋果禪》（*Savor: Mindful Eating, Mindful Life*）中對這個非常重要的主題有更深入的探討。

正念購物

正念是人類最珍貴的資產，它使我們得以擁有愛、幸福，以及許多其他的福賜。但是我們無法在任何商店裡買到正念，不論花多少錢都買不到。我們必須靠自己修習。

我們無法到店裡買一些正念回家，但我們可以（而且最好）在購物時保持正念。我們已經知道，我們只想買可以為我們自己以及這個社會帶來喜樂與健康的東西，而我們需要正念能量才不會被琳瑯滿目的商品牽著走。正念幫助我們辨識哪些東西是我們真正需要與想要的，哪些東西則是我們根本不需要的，而且這種辨識能力會愈練愈強。如此一來，我們就能省下許多購物的時間，而且不會犧牲任何幸福快樂。事實上，我們可以因此過得更幸福，因為當我們不需要一直購買更新、更大與更豪華的房子、車子和其他東西時，我們就不再承受巨大的財務壓力，也就可以找一份壓力小一點、快樂多一點的工作。

如果你需要買一些東西，但又沒有太多時間購物，你要如何不被吸引人的廣告牽著走？你要如何挑選不危害健康、不剝削勞工、不虐待動物或是不破壞環境的產品？

不論是到商店裡或是在網路上購物，請盡量不要在你飢餓、疲憊或心煩意亂的時候做這件事。事先列出所需物品的清單。比起左思右想是否要多買一些你其實不需要、甚至是不想要的東西，列出清單所花的這一點時間真的不算什麼。結帳之前，請檢視一下購物車裡的物品，並誠實回答這個問題：「我真的需要這個嗎？把錢用來買這個東西，或是用來幫助別人解決困難，哪個會令我更快樂？」

mindfulness
is not
for sale

正念，是買不到的。

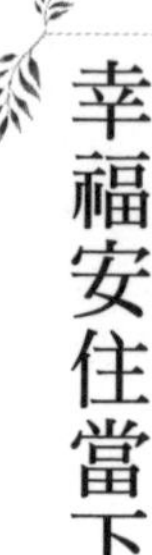

幸福安住當下

覺知呼吸與行走，可以創造正念的能量。這種能量會把我們的心帶回身體，使我們真正安住於當下，接觸到我們內在與周遭的美妙事物。如果我們能看見生命中種種美妙的事物，我們就擁有了幸福。當我們真正活在當下，我們會發現我們已經擁有許多的幸福條件，足以令我們感到非常幸福快樂。我們已經不需要繼續追求更多東西，也不需要到其他的地方追尋。這就是所謂的**幸福安住當下**。

佛陀教導我們，每個人都可以幸福的安住於此時此地。當我們在此刻擁有幸福，就可以停下腳步。我們不需要再追逐其他想要的東西了。我們的心是安定的。若我們的心躁動不安，我們就不會真正的幸福。我們是否感到幸福，主要取決於我們的心境，而不是外在的事物。我們的態度、看待事情的觀點、看待人生的方式，決定了我們是否幸福。我們早已具備足夠的條件感到幸福快樂，為何還要追求更多？我們需要停下來，不再追逐下一個目標——這才是明智的道路。否則，我們不斷追逐一個又一個的目標，但是當我們達成目標後，依然覺得不快樂。

有一天，給孤獨長者帶同幾百位商家朋友到祇園探望佛陀。佛陀教導他們要修習幸福的安住當下。我們當然可以繼續做生意，業務可能會蒸蒸日上，但我們也應該下定決心，正念生活，在此時此刻就享受幸福快樂，不要錯失生命給我們的寶貴機會，好好關愛我們身邊的人。假如我們把所有的時間都用來規畫未來，就會錯過生命，因為生命只在當下。

當下淨土

我們應該好好享受在我們內在與外在周遭的一切美妙事物。松枝在風中發出的沙沙聲，盛開的花朵，美麗的藍天，柔軟的白雲，鄰居臉上的微笑。這些全都是生命中的小小奇蹟，可以為我們帶來滋養與療癒。它們正等著我們去欣賞。問題是：我們有心思去欣賞它們嗎？假如我們總是疲於奔命，假如我們的心總是陷入無止境的計畫與擔憂，那麼這些奇蹟就等於不存在。

佛之淨土、神之天國就在此時此地。我們要修習透過自己踏出的每個步伐，好好欣賞這個國度。在當下這一刻就感到幸福快樂，等到明天就已經太遲了。有一首法文歌如此問道：「還要等待什麼，你才能有幸福？你還要等待什麼，為何不在當下慶祝生命？」禪修就是深刻的活在日常生活的每一刻。要做到這一點，我們必須透過呼吸與行走，培養**念**與**定**。

念就是覺察當下發生了什麼事；定就是集中心意於此刻發生的事。當我們保持念與定，就能深觀與理解當下發生了什麼事。我們可以穿透無明的面紗，清楚看見實相，同時釋放我們內在的焦慮、恐懼、憤怒與絕望。這就是智慧。**念**（正念）、**定**（專注）與**慧**（智慧）是禪修的精髓。

將心帶入定

佛陀教導的十六個呼吸的修習，記錄在《安般守意經》中。其中第十一個練習是「將心帶入定」。有了正念，我們就能進入深定。定，就是集中心意，定力能幫助我們深入觀照，對象可能是花兒、雲朵、露水、你愛的人、你恨的人、一線希望或者一念絕望。定，能夠幫助我們看到觀照對象的本質、根源和自性。當我們心意集中，我們的心彷彿成了陽光下的放大鏡，能夠燒毀助長憤怒、焦慮、渴求與絕望的錯誤觀點、錯誤的知見。

為了幫助我們藉由觀照獲得解脫，佛陀提供了一些工具，包括觀無常、觀無我、觀空、觀無作、觀無欲、觀無生無滅等等。我們可以選擇其中一、兩項開始修習觀想——例如觀無常和無我。

觀無常

你可能明白萬事萬物皆無常的概念，也接受了這個事實，然而對你來說，這個理解是否只停留在「理智」的層面？在日常生活中，你是否仍然將一切視為永恆不變的？光是理解無常的概念，不足以改變你對生命的體驗與你的生活方式。唯有**智慧**才能真正讓你解脫；而唯有真正觀照無常，才能得到無常的智慧。這意味著不論你做什麼，都要保持對無常的了悟，不要失去對無常的覺察。一天中，時刻保持對於無常的了悟，即是修習對無常的定。這份了悟能照亮我們所做的每一件事情，為我們帶來真正的幸福和自在。

舉例來說，你知道你所愛的人是無常的，你卻表現得好像他會恆久存在一樣，期待他永遠以相同的形貌陪在你身邊，而且永遠抱持相同的觀點與看法。然而現實情況恰好相反：對方一直在改變，不論是外表還是內在。今天陪在我們身邊的人，明天可能就不在了；今天看起來還很健壯的人，明天可能就病倒了；今天態度不好的人，明天可能就改進許多。

唯有當我們徹底接受這個事實，才能善巧的過好每一天。當我們明白身邊每個人都是無常的，我們今天就會盡一切努力讓他們感到幸福，因為我們永遠不知道他們明天是否還會陪在我們身邊。他們現在還在我們身旁，但假如我們沒有善待他們，或許有一天他們會離開。

若你對某個人感到生氣，因為他傷害了你，所以你想說一些話或做一些事來報復他。請你閉上眼睛，深長的吸一口氣，然後觀照無常：

互相遷怒時，
閉目看未來。
三百年以後，
你我在何處？

這個修習方法，稱為觀想。你看到你和你想要懲罰的那個人在三百年後的模樣，你看到你將成為塵土，對方也一樣。深切的體悟到自己和對方的無常，清楚看見三百年後的你們同樣都變成了塵土，你立刻就會明白，生彼此的氣以及傷害彼此是非常愚昧、非常可惜的，只會造成彼此的不幸。你會發現，此刻這個人出現在你的生命中，是多麼珍貴的一件事。你的怒氣會立刻消散。當你睜開眼睛時，你一點也不想懲罰他了。你只想緊緊擁抱他。

觀無常可以幫助你掙脫憤怒的枷鎖。將心帶入定，能夠帶來心的解脫。

觀無我，觀空

前面「在我之內的父親，在我之內的母親」一節，我們觀照父母存在於孩子之內，明白孩子是父母的延續，孩子就是父母，孩子的幸福同時也是父母的幸福，父母的苦痛同時也是孩子的苦痛。當我們保持這種覺察，就是在**觀無我**（no-self）。沒有哪個實體能與萬物分割，獨立自存；我們所謂的「自我」（self），其實是由「非我」（non-self）的成分組成。

同樣的，**空**（emptiness）的意思指的是，沒有獨立個別存在的東西。舉例來說，一朵花無法獨自「存在」，它是由「非花」的成分組成的，包括種子、養分、雨水與陽光。假若你將「非花」的成分拿掉，這朵花就無法存在了。空的意思並非「無」或「不存在」，它的意思是，獨立的「自我」實體是不存在的。所有的現象需要仰賴其他的現象才得以顯現。萬物互相依存。**觀空性**

this is in that
and that is in this

這在那之內，那在這之中。

就是**觀相即**（interbeing，有時稱作「緣起」〔interdependent co-arising〕）。此有故彼有，此在彼之中，此即是彼，此不在彼之外。

觀無相，觀無生無滅

觀無相（signlessness）的目的，是幫助我們避免被外在的表象所困。佛陀在《金剛經》中提到，凡所有相，皆是虛妄。舉例來說，水蒸氣現在就存在我們眼前，我們看不見，不代表它不存在。當一朵雲變成雨，我們不能說，雲從存在變成不存在了。雖然我們看不見水蒸氣，不過一旦它碰上冷空氣，就會轉變成我們看得見的霧或霜，而我們不能因此說，霧或霜從「無」變成了「有」。這只是形式的變化，只不過我們依照表象為這些形式貼上了不同的標籤。

「無生」（no-birth），是實相的本質，是萬物的自性。就事物的表相來看，我們看到有生、有滅、有成、有壞、有有、有無、有來、有去。但深入觀照，將能看到萬物無生無滅、非有非無、無去無來、非一非異的本質。

雲朵並不是由無變成有，它以現在的形式顯現之前，曾經是河流和海洋的水。陽光的熱能使它變成水蒸氣，而許許多多的小水滴聚集成雲朵。它並不是從「無」變成「有」，因此說是無生。

當雲朵不再披上雲的形式，它可能換了另一種形式，像是雨、雪、冰雹、霧或小溪流。雲並不是由有變成無，因此它的本質是「無滅」（no-death）。無生無滅，是雲真正的本質，亦是萬物真正的本質，也是你和我的本質。

無生的智慧一旦生起，會帶給你無懼和大自在。這是禪修最珍貴的成果。

just because we
can't see it
that doesn't mean
it doesn't exist!

我們看不見，不代表不存在！

觀無作

觀無作（aimlessness）幫助我們停下來，不再四處追求這樣東西、那樣東西，不再團團轉得令自己疲憊不堪。「無作」指的是不追逐任何事物，不會無止境地追求一個又一個的目標。幸福在當下就可以得到。我們已經是我們想成為的人了。

就好比波浪四處尋找大海。當波浪知道它的本質是水，波浪就無需去尋找水。不論你去到哪裡，生命永遠充滿了美妙的奇蹟。佛之淨土、神之天國就在此處，就在我們的內在與四周。幸福也是如此。觀無作能讓我們停下四處奔趕的腳步，體會生活中的滿足與喜樂。

We are
already
what we want
to become

我們已經是我們想成為的人。

觀無願

觀無願（wishlessness）即是深觀我們想要擁有的東西的本質。深入觀察，我們會看到追逐這些東西可能會為自己帶來危險、災難與痛苦。當一隻魚兒看見非常美味的魚餌，如果牠知道魚餌中有一個鉤，牠就不會上鉤，能夠保住生命。當我們記得，我們所渴望追求的，只是我們生命的一小部分，我們也就有機會能明白，其實我們已經擁有自己真正需要的一切。觀無願，能夠保護我們的自由，讓我們不會成為欲望的受害者。我們將能夠自在、安樂和自由地生活。

無量心★

真愛只會帶來幸福，永遠不會使你受苦。在佛法裡，了解才能生出真正的愛。當我們不了解對方，卻一直給予對方我們自以為的愛，那麼我們的愛愈深，對方就會愈痛苦。我們已經明白，「了解」最基本的意思是，能夠看見自己與他人內在的痛與苦的源頭。一個父親若不了解孩子的困境與苦痛，他就無法真正的愛他的孩子，並且使孩子幸福快樂。他只會不斷責罵孩子，一心想掌控孩子，導致孩子更加痛苦。當我們以為我們愛某個人，但實際上我們並不是真正了解他，最終我們只會帶給他傷害。

我們應該自問：我能了解那個人的困難與苦痛嗎？我能看見苦痛的源頭嗎？若無法肯定回答，我們就需要更加努力去了解對方。「兒子啊，女兒啊，你覺得我已經充分了解你的困難、壓力與苦痛嗎？如果我的了解還不

★編按：慈無量、悲無量、喜無量和捨無量為真愛的四元素。

夠，請幫助我更加了解你。我知道假如我不夠了解你，我就無法真正愛你，使你幸福。請幫助我，告訴我你心中的困難與痛苦。」這就是愛語的修習。

在佛法中，我們學到如果能夠了解自己的苦痛，就會更容易了解別人的痛苦。因此，我們應該先回到自己，接觸自己內在的苦痛，不要逃避苦痛，不要找方法掩蓋這些苦痛。在佛陀的基本教法四聖諦中，第一聖諦是知道苦的存在（苦諦），第二聖諦則是認識苦痛的本質與根源（集諦）。

看到苦痛的根源，就能看見轉化苦的方法，轉化與斷除苦的道路。這是第四聖諦（道諦）。第三聖諦是滅苦（滅諦），苦痛的止息，亦即得到幸福快樂。苦痛的消失就是幸福的出現，如同黑暗消失代表光亮存在。四聖諦是佛法的根本教法，也是非常實用的教法。它是佛法中診斷與療癒苦惱的方法。

佛法也教導我們，我們必須先愛自己，才能夠真正愛別人。當我們能夠止息自己的苦痛，才有能力幫助別人離苦。我們自己要感到幸福快樂，才能夠將幸福帶給別人，幫助他人得到喜樂。有句法國諺語說：「行善要對自己

true love
brings only
happiness
it never makes you suffer

真愛只會帶來幸福，永遠不會使你受苦。

做起。」帶給別人幸福快樂就是修習慈心，**慈**是四無量心的第一個元素。

四無量心的第二個元素是**悲**，意思是止息苦痛。慈與悲是無邊無際的。透過修習，我們長養慈悲心，慈悲讓我們能夠懷抱自己，也能夠懷抱及包容別人和眾生。慈悲是一種無邊無際的愛，因此被稱作無量心。**喜**和**捨**是四無量心的另外兩個元素。

真正的愛會帶來喜樂，那是一種愉悅滿足的感覺。若你的愛令人窒息，若它使你或你所愛的人總是在哭泣，那麼它就不是真正的愛。我們的存在、我們說的話、我們的行動，甚至是我們的思想，都應該帶來喜樂與愉悅。對方的喜樂就是我們的喜樂；對方的愉悅與滿足就是我們的愉悅與滿足；對方的幸福令我們快樂；對方的成功就是我們自己的成功；對方自在輕安，我們也感到自在輕安。

修習正念，我們覺察到現有的幸福條件，覺察到我們在這一刻是多麼的幸福，我們自然而然感到喜樂。正念是幸福的泉源，而正定會使我們的幸福

We have to love ourselves before we can truly love anyone else

我們必須先愛自己，才能夠真正愛他人。

增長且更加穩固。

捨，有不偏袒、不分別、不歧視、不排斥的意思。真愛必須是這樣的，不分膚色、種族、宗教，也不排除任何人。這是最美麗的愛，這種愛能懷抱所有人和眾生。這是佛陀之愛。當我們用這種方式愛人，就不會在愛與被愛之間劃一條界線；我們與我們所愛的人不再是兩個獨立的個體。我們的愛成為無邊無際的愛。

諦聽

諦聽是一種修習，可以帶來療癒的奇蹟。試想一下，有個人心中充滿苦痛與煎熬，但是他身邊沒有人可以聽他訴說並了解他的苦痛。我們可以成為對眾生慈悲的菩薩，坐下來諦聽以減輕對方心中的苦痛。我們要以正念提醒自己，諦聽只有一個目的，那就是幫助對方減輕心中的苦痛。若我們能專注於這個目的，就能持續諦聽，即使對方的話語中可能夾雜著許多偏差的認知、苦楚、嘲諷、批判與指控。

帶著慈悲全心全意諦聽，我們就不會因為對方說的任何話而感到厭煩。我們在心中對自己說：「他真可憐，有這麼多錯誤的認知，正被苦痛和憤怒之火燃燒著。」我們保持聆聽，之後若遇到適當的機會，我們可以提供比較準確的資訊給他，幫助他把現實看得更清楚。憤怒與苦痛源自錯誤的認知；

當我們能夠更正確的了解實相，憤怒和苦痛的烏雲就會散去。明白這一點，我們將能安然地坐下來繼續傾聽。

我們讓他繼續說下去，鼓勵他訴說，不打斷他說話，也不糾正他。只要一個小時的諦聽，就可以大大減輕對方的苦痛，讓對方放鬆下來。耐心是真愛的一個特徵。等到日後有合適的機會，我們再提供他適當的資訊，幫助他修正錯誤的認知。不要急著一次告訴對方所有的資訊，因為他一時之間可能無法消化這麼多東西，若因此產生排斥，結果會連一句話也聽不進去。我們應該一點一點提供資訊，讓對方慢慢吸收，最後他就能擺脫錯誤的認知了。聆聽而不去評斷對方，這也是一個機會，讓我們能覺察到自己的錯誤認知。當我們發現自己的認知有所偏差，要立刻向對方道歉。

在佛教裡，觀世音菩薩以慈悲聆聽眾生。以下是在《梅村課誦本》中的觀世音菩薩讚誦：

禮敬觀世音菩薩，我們願學習菩薩行，細心傾聽，止息世間的苦痛。您懂得傾聽和了解。我們願專心和誠懇修習細心傾聽。我們願心無成見地修習傾聽。我們願修習聆聽，不作批評，也不反應。我們願修習傾聽以能了解。我們願全神貫注地傾聽，以了解我們聽到的，或者是沒有說出的話。我們知道，只需要細心傾聽，我們已經大大減輕了別人的苦痛。

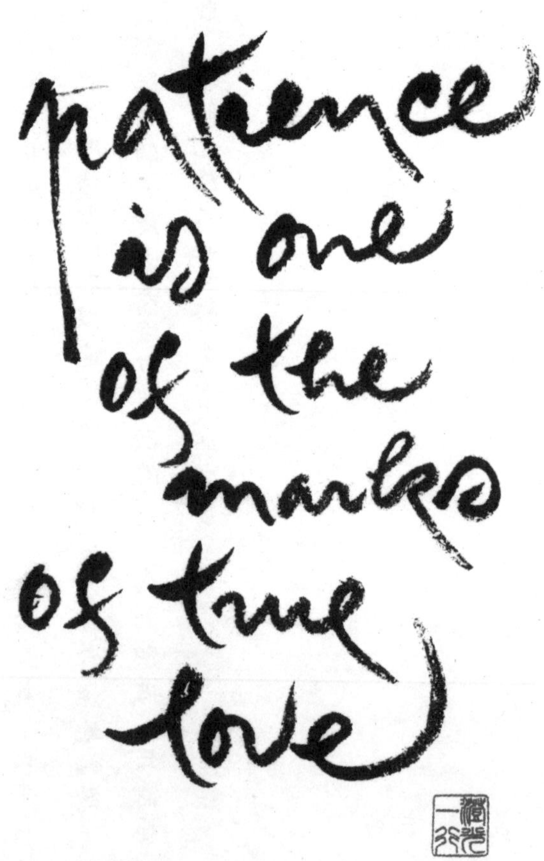

patience
is one
of the
marks
of true
love

耐心是真愛的一個特徵。

愛語

說愛語也是禪修的一部分。我們有權利、也有義務告訴對方所有的事實、我們的想法和感受，以及我們的困難和痛苦。以愛語取代評斷、責備、尖酸或苦澀的話語。我們說出自己的困難與苦痛，讓對方能了解我們，幫助我們。我們要承認自己也可能有錯誤的認知，我們請對方幫助我們發現這些錯誤的認知，提供更正確的資訊給我們。愛語和諦聽的修習能夠幫助我們重啟溝通，建立深刻且有益的人際關係。以正念和愛語寫一封信給對方，能為我們和對方帶來轉化與療癒。

照顧憤怒

當憤怒生起時，我們應該立刻回到正念呼吸或行禪的修習，培養正念的能量。正念的能量能夠幫助修行者覺察和照顧心中的憤怒。

吸氣，我知道憤怒在我之中生起。
呼氣，我會好好照顧在我之中的憤怒。

我們要持續這樣修習，培養正念能量，也就是覺察與擁抱憤怒的能量。不要任由憤怒生起而不去照顧它；我們需要喚起正念的能量，來照顧我們的憤怒。小寶寶哭泣時，做母親的會走過去擁抱他。正念就像是母親，憤怒則像是哭泣的小寶寶。當母親抱起哭鬧的寶寶，溫柔的將他擁在懷裡，寶寶的情緒就會平靜許多。同樣的，以正念擁抱憤怒，怒氣會開始平息下來。

每當憤怒生起時，請開始做這樣的練習，暫時不要說任何話或做任何事。想像你出門去辦事情，回家時卻發現失火了。你要做的第一件事，不是四處尋找縱火者，嚴厲譴責他，然後把他送去警局。你首先要做的是滅火，讓火勢不會造成更多損害。當憤怒在你心中生起時，請不要急著說話或反應。回到呼吸，先照顧你的情緒。

等憤怒逐漸平息之後，再開始尋找憤怒的根源。或許是錯誤的認知導致憤怒生起。或許我們認為對方是故意惹我們生氣，但其實他並沒有這個意思。經過反思，我們可能會發現自己的認知有誤，憤怒可能就此消退。假如修習了二十四個小時之後，仍然無法消除憤怒，我們就需要讓對方知道我們在生他的氣。如果我們無法冷靜的告知對方，可以寫一張字條。在這張字條上說明三件事：

一、我因為你而生氣，我希望你知道。

二、我正在盡心修習。

三、請幫助我。

寫完這三個句子之後，即使對方還沒收到這張字條，我們的怒氣已經消減了一些。

當我們生某個人的氣時，我們有責任讓對方知道。這個人可能是我們的父母、兄弟姊妹、子女、朋友、同事或共事的人。當對方知道我們在生氣，他會回想並思考：「我做了什麼事？我說了什麼話惹他生氣？」因此，我們寫的那三個句子，也會讓對方跟我們一起做這項修習。對方會因此感謝與尊敬你，因為你沒有像其他人一樣將怒氣傾洩而出，你懂得在憤怒時回到呼吸，修習和觀照，反思事情發生的經過。

第三個句子是最難說出口或寫出來的，因為當我們生氣時，往往會表現

出不需要對方的樣子，想要用這種方式懲罰對方。其實，我們要做的事恰好相反，我們應該鼓起勇氣請對方幫我們。我們很清楚我們真的需要對方，所以不該讓自尊心阻礙我們度過這個難關。因此，每當你能說出或寫出第三個句子時，你會發現你的苦痛已經開始減輕了。

請將這三個句子寫在一張名片大小的紙上，把這張紙放進你的皮夾。每當你發怒時，尤其當惹你生氣的人是你最愛的人，請把這張紙拿出來讀。此時即使你仍然在生氣，你會清楚自己該做什麼、不該做什麼。現在，全世界有許多人都在進行這個修習，並因此化解了許多難題。我希望你也能和他們一樣！

你的每一個呼吸

吸氣，往前走幾步，在這幾秒鐘的時間內，你覺知到自己活著，你的雙腿和雙腳有力氣行走（以及登山和奔跑）。你知道能夠活著，用雙腳走在這個美麗的星球上，已經是個奇蹟。你可以一邊行走，一邊為這個奇蹟而歡喜。這就是正念與正定的奇蹟。在任何時刻，你都可以觸及生命的奇蹟，此時此地就是喜樂。

當我們看見早已存在於我們內在與四周的許多幸福條件，我們明白，我們再也不需要到別處尋找幸福，或是希望幸福在未來的某一天降臨。覺知到幸福就在此時此地，是一件很重要的事。當你保持正念，你就會看見早已存在於我們內在與四周的所有幸福條件。你有足夠的條件感到幸福。

如果你知道如何從生命的種種奇蹟中感受到幸福喜悅，就無須再不停的加重自己的工作，令身心勞累，也不需要購買更多東西，對地球造成更多負擔。地球屬於我們的子子孫孫。我們已經向地球、向我們的後代子孫預支太多資源了；從人類的發展過程看來，我們不知道能不能把一個完好的地球還給我們的子孫。我們的孩子是誰？孩子即是我們，因為子孫就是我們的延續。所以我們不友善對待的人，其實是我們自己。

現代人的生活方式充斥著不自覺的過度借貸。我們借得愈多，就會失去愈多。因此，我們必須覺醒，了解我們再也不需要那麼做了。這個醒悟很重要。此時此地能夠取得的資源，已經足以讓我們得到滋養與幸福。

唯有這種洞察才能促使人類停止種種無法控制的自我毀滅行為。我們需要集體的覺醒。一位佛陀是不夠的。我們每個人都必須成為佛陀，這樣我們的地球才有希望。

值得慶幸的是，我們有覺醒的力量，在忙碌的日常生活間，每一刻都能覺醒。讓我們現在就開始吧。平安，就在**你的**每一個呼吸間。

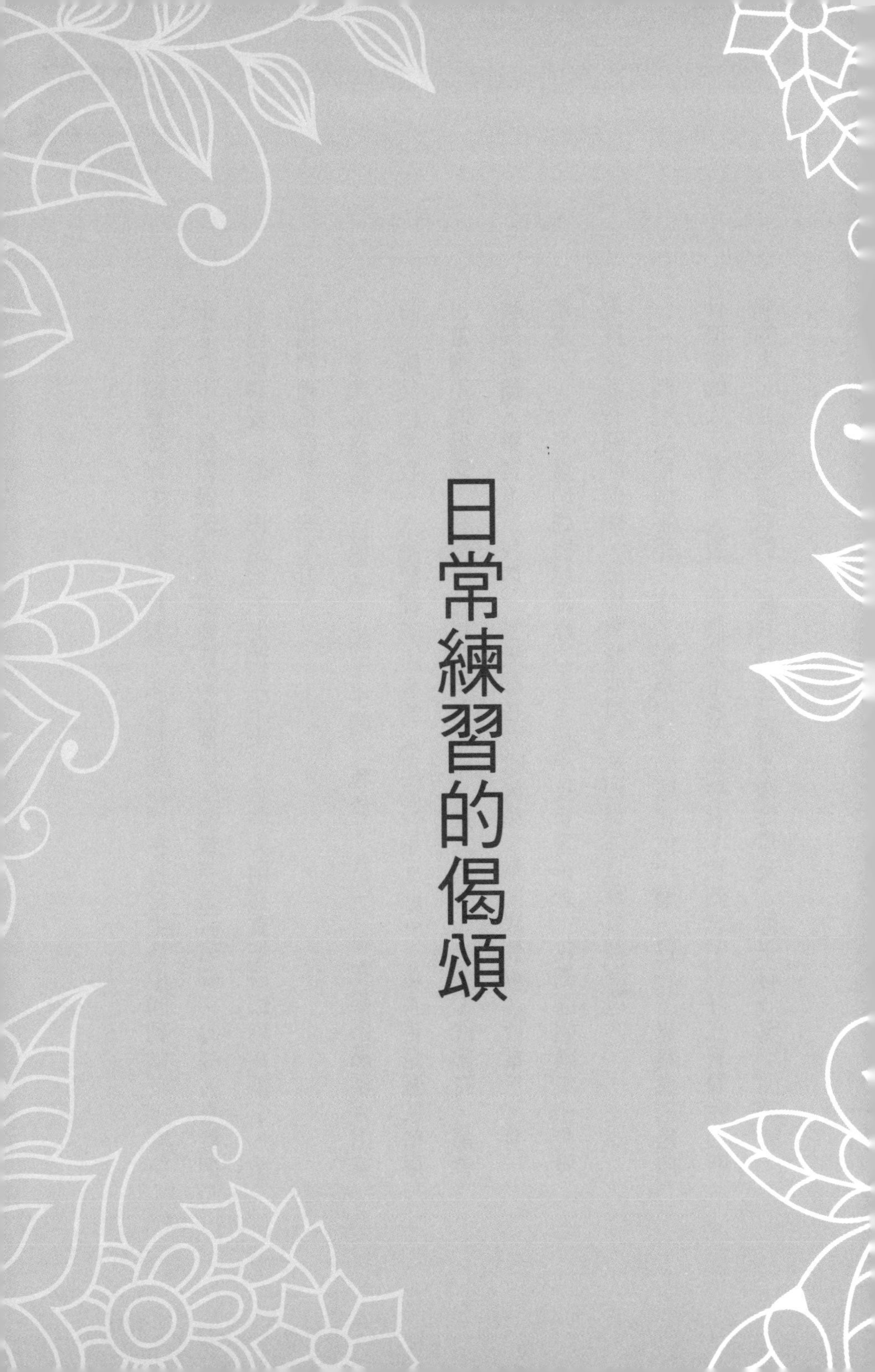

日常練習的偈頌

偈頌是禪修中基本的修習，能夠幫助我們在日常生活中回到當下，安住正念之中。修習偈頌並不需要特別的佛學知識或者宗教信仰。有些人喜歡把自己最喜愛、想一再溫習的偈頌背下來。有些人則喜歡把偈頌寫在紙上，貼在他們經常會看見的地方。

偈頌的修習可以追溯至兩千年前。我於一九四二年在越南慈孝寺出家時，師父給了我一本讀體禪師所著的《毘尼日用切要》，這本書是關於僧尼日常應用的偈頌。在梅村，我們每天起床、進入禪堂、吃飯、洗碗時，都會唸誦偈頌。事實上，我們一整天都在默唸偈頌，幫助我們專注於當下。有一年夏天，為了幫助到梅村禪修的大人和小孩修習正念，我們開始匯集一些與現代生活有關的偈頌，最後輯錄成這一系列實用且務實的短詩。

我們總是忙個不停，忘了覺察自己到底在忙什麼，也忘了覺察自己是個什麼樣的人。有些人說，他們甚至忘了要呼吸！我們忘了要好好看看我們所愛的人，並且感謝他們，直到為時已晚才後悔莫及。即使有一點空閒時間，我們也不知道該怎麼與我們內在及周遭的一切連結。於是我們打開電視或拿起電話，彷彿這麼做就可以不必面對自己。

禪修就是對自己的身體、感受、心以及這個世界內在和外在的情況保持覺察。當我們安住當下，就能看見出現在我們眼前的美妙事物，不論是新生兒還是日出。能夠覺察眼前正在發生的事，就足以讓我們幸福滿溢。

偈頌幫助我們安住當下。心專注於偈頌，我們回歸自己，同時更能覺察自己的每個動作。唸完偈頌時，這種覺察將伴隨我們繼續完成日常的活動。開車時，道路標誌會幫助我們找到該走的路，路標和道路成為一體，我們沿路看著路標前行。當我們修習偈頌時，偈頌會和我們成為一體，於是我們在生活中保持覺察。這對我們很有幫助，也對其他人有所助益。我們會發現自己變得更加平和、平靜與喜樂，也能夠感染給他人。

當你記住一首偈頌，往後每當你從事相關活動，不論是轉開水龍頭或者是喝一杯茶，腦海中自然會浮現這個偈頌。你不需要一下子學完所有偈頌，可以先學一、兩首和你相應的偈頌，之後再學習更多。一段時間之後，你會發現自己已經學會了所有的偈頌，甚至開始創作自己的偈頌。我為使用電話、開車、打電腦所寫的偈頌，都是以祖師傳承給我的教導為基礎。現在你也是這個傳承的繼承者。因應人生中的各種情況，創作你自己的偈頌，這是很好的正念修習。

希望這些偈頌成為你安穩與喜悅的同伴。

醒來

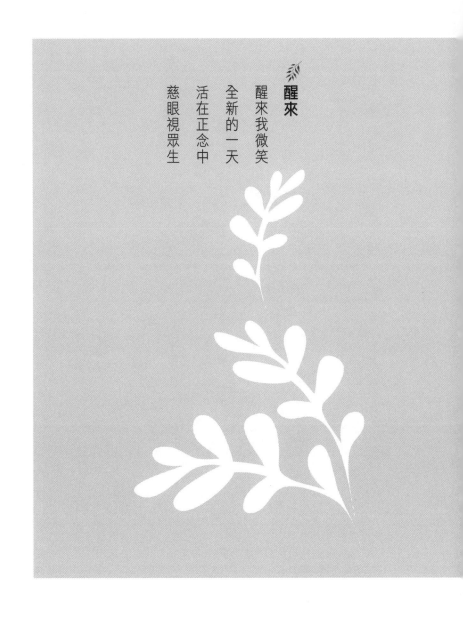

醒來我微笑
全新的一天
活在正念中
慈眼視眾生

穿鞋

行走大地上
奇蹟在體現
步步正念中
令法身顯現

開門窗

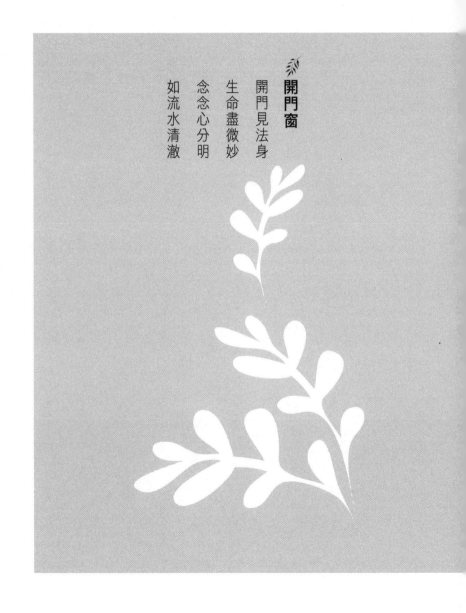

開門見法身
生命盡微妙
念念心分明
如流水清澈

開燈

失念如黑暗
正念即光明
覺醒中生活
遍照於世間

用水

水源自高山
水來自地心
感恩水盈溢
滋潤眾生命

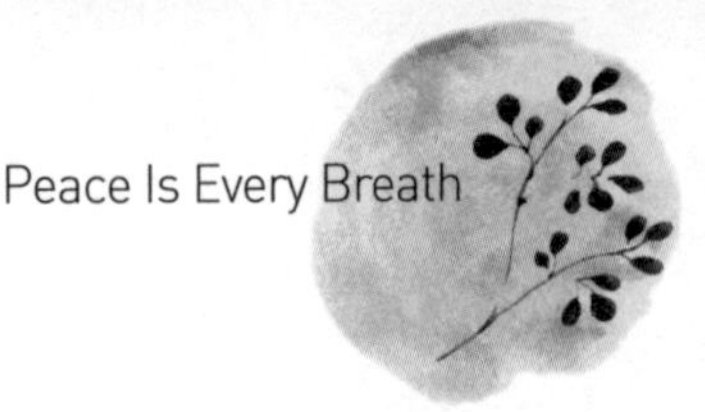

刷牙

刷牙與漱口
願說慈愛語
正語吐芬芳
花開在心田

照鏡子

正念如明鏡
映徹我身心
最美是慈愛
心量廣如海

使用洗手間

無穢亦無淨
無增亦無減
智慧波羅蜜
乃最高妙法

洗手

水流如甘露
滋潤這地球
祈願所有人
善巧用雙手

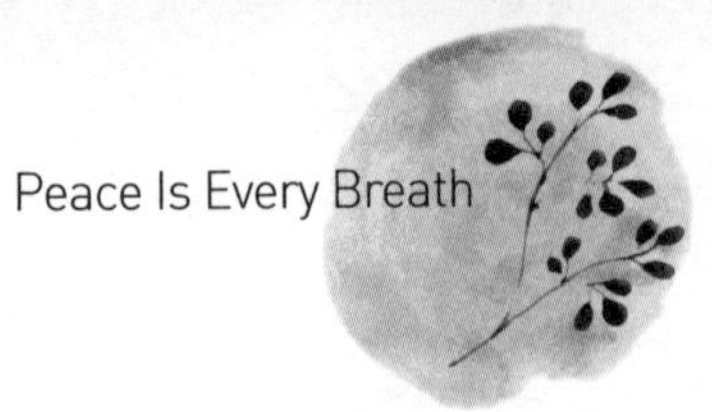

沐浴

不生亦不滅
不來亦不去
傳遞與接收
微妙法界性

漱口

漱口心亦淨
清淨身語意
花香馥宇宙
共佛淨土行

著裝

穿上衣服時
心滿懷感恩
祈願世界上
人人皆溫暖

合十請安

蓮花贈予你
未來的佛陀

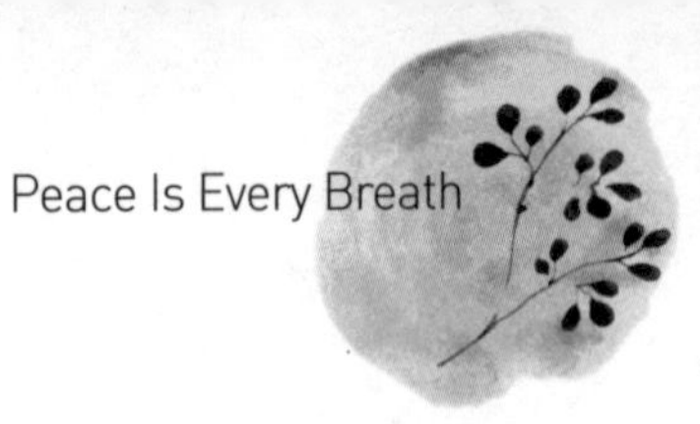

調息

吸氣心安寧
呼氣我微笑
安住於當下
此刻真美妙

早上坐禪

法身照耀清晨
在專注安定中
我們的心安住平和
唇間半帶微笑
在這新的一天
我們發願在覺醒正念中度過
慧日初昇、遍照四方

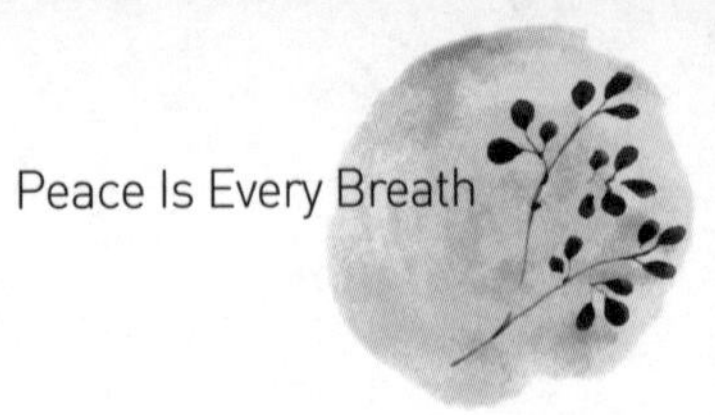

入禪堂

入禪堂見真心
一坐下斷煩憂

點燭

點一盞明燈
供養無量佛
燃希望之火
光明遍世界

上香

祈願此香雲
熏香馥四方
助我等行持
正見正思維
祈願此香雲
保護我等眾
安穩與自在
互愛互了解

讚佛

禮讚諸佛
端坐蓮台
光明遍照
我今皈依

坐下

坐於此
坐菩提樹下
安身於正念
心不再散亂

請鐘

身語意清淨
鐘聲傳心意
聞鐘者覺醒
離苦得喜樂

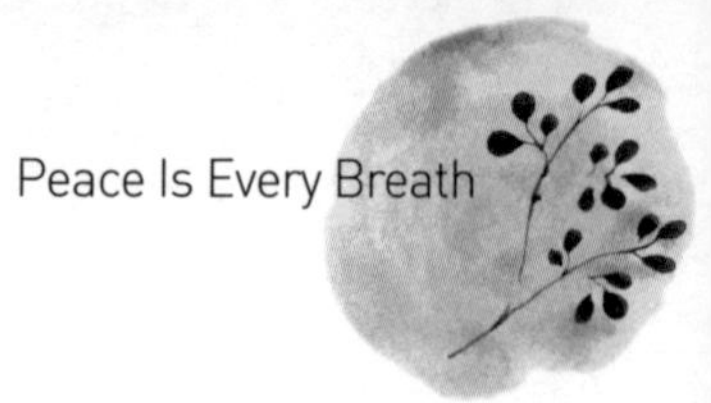

鐘偈

願此鐘聲傳法界
黑暗之處悉皆聞
清淨煩惱除塵垢
解脫生死成正覺

放下

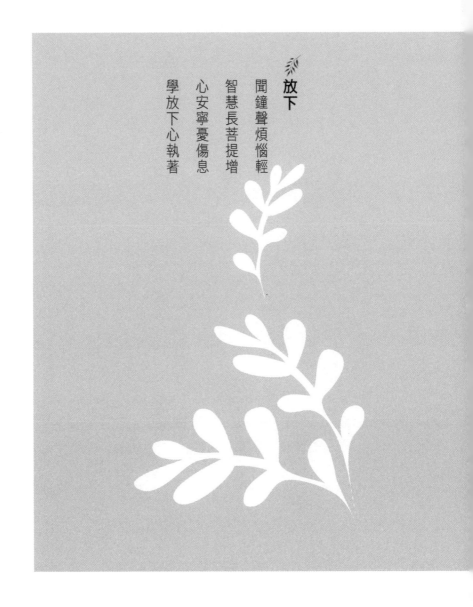

聞鐘聲煩惱輕
智慧長菩提增
心安寧憂傷息
學放下心執著

調整坐姿

感受來又去
如風中雲朵
身和心安住
正念呼吸中

擁抱禪

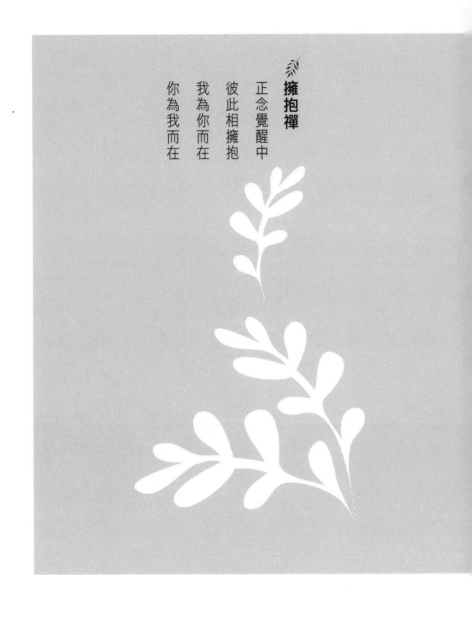

正念覺醒中
彼此相擁抱
我為你而在
你為我而在

打掃禪堂

禪堂靜又涼
打掃不覺累

行禪

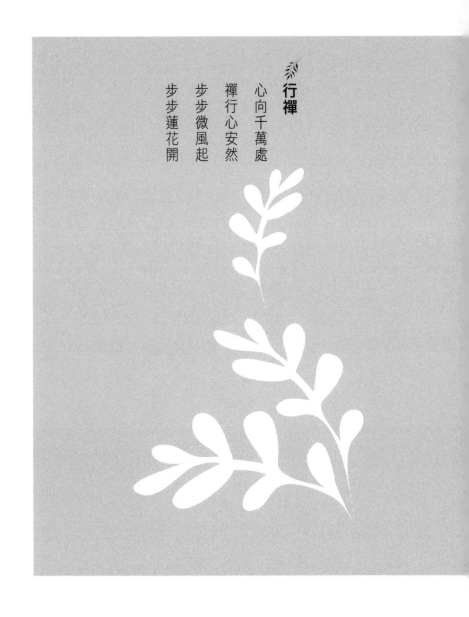

心向千萬處
禪行心安然
步步微風起
步步蓮花開

洗菜

太陽與雨水
滋養這果實
長養我色身
萬物相依存

注視空碗

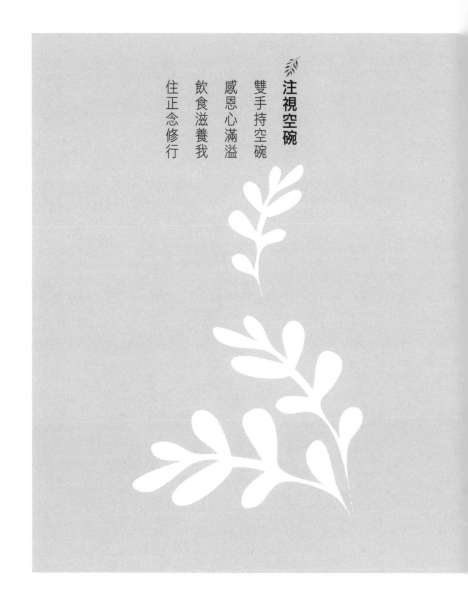

雙手持空碗
感恩心滿溢
飲食滋養我
住正念修行

供餐

一飯一餐中
蘊藏全宇宙
萬物相依存
滋養眾生命

飯前

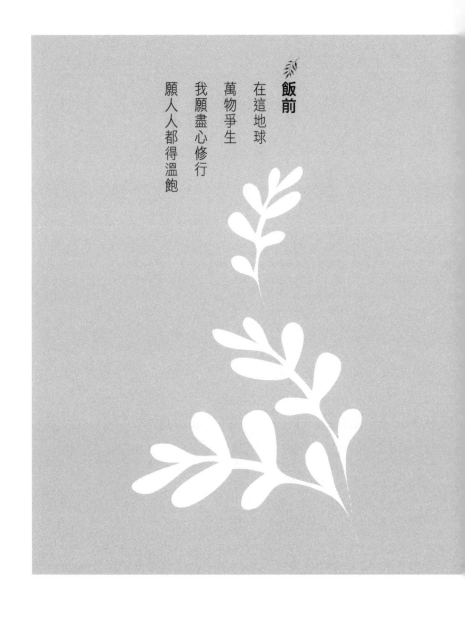

在這地球
萬物爭生
我願盡心修行
願人人都得溫飽

注視盤子

盤中的美食
令我感幸福
願盡心修習
常懷感恩心

進食五觀想

一、這些食物是宇宙天地的禮物，以及無數眾生以愛心辛勞工作的成果。

二、願我們正念進食，常懷感恩，好讓我們值得受用這些食物。

三、願我們覺察和轉化不善的心念，尤其是貪念，並學習適量進食。

四、願我們心懷慈悲，進食的方式能夠減少眾生的痛苦，停止助長氣候變化，療癒和保護珍貴的地球。

五、我們接受這些食物，以培養兄弟姊妹的情誼，建立僧團，滋養我們為眾生服務的理想。

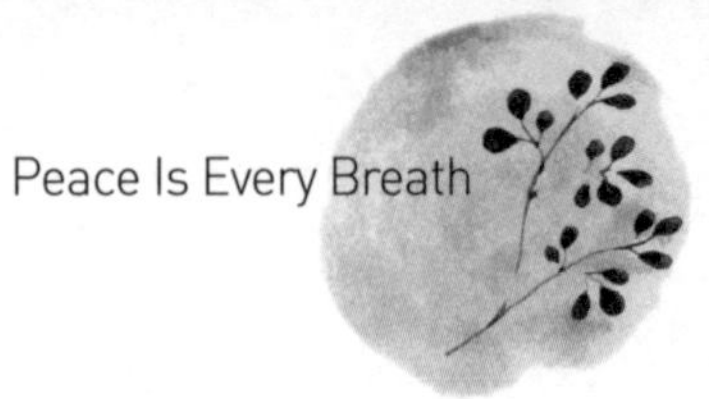

開始用餐

第一口食物，我願修行慈
第二口食物，我願修行悲
第三口食物，我願修行喜
第四口食物，我願修行捨

用餐完畢

餐食已飽足

願報答四恩

清洗碗盤

清洗碗碟
灌沐如來
凡聖一如
生佛不二

喝茶

茶杯在手中
正念常滿溢
身心同安住
此時和此地

接觸大地

大地給我生命
大地在擁抱我
生滅於呼吸間
時刻回歸大地

望著手掌

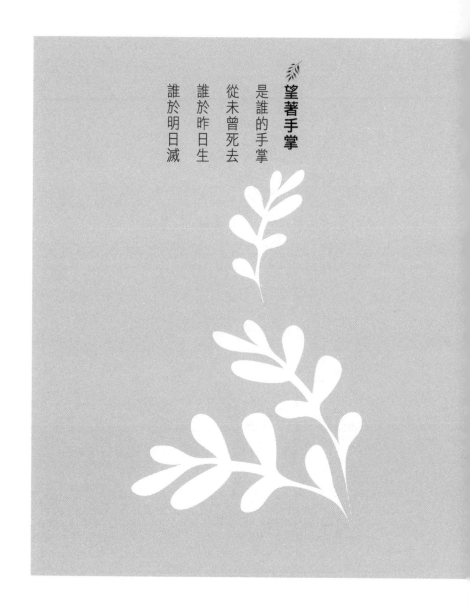

是誰的手掌
從未曾死去
誰於昨日生
誰於明日滅

聽鐘

傾聽　傾聽
這美妙的鐘聲
帶我回到真正的家園

使用電話

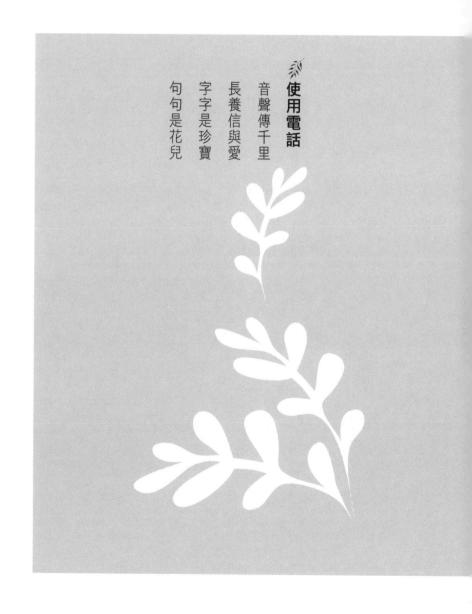

音聲傳千里
長養信與愛
字字是珍寶
句句是花兒

開啟電視

心猶如電視
萬千個頻道
謹慎地選擇
喜樂在我心

開啟電腦

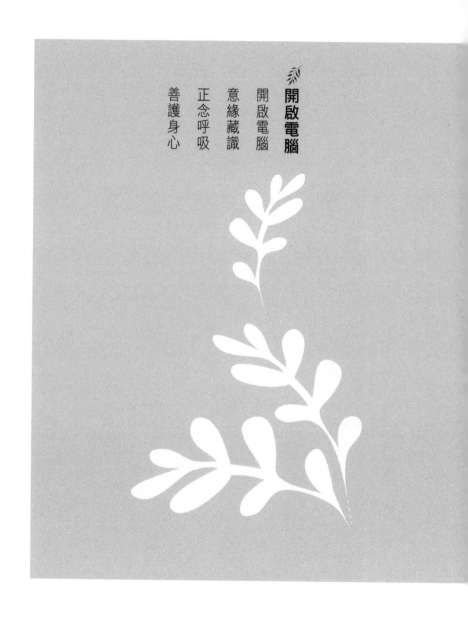

開啟電腦
意緣藏識
正念呼吸
善護身心

打掃浴室

打掃感歡欣
淨業日日增

掃地

時時勤掃地
慧樹綠芽生
心地亦常掃
光明當下現

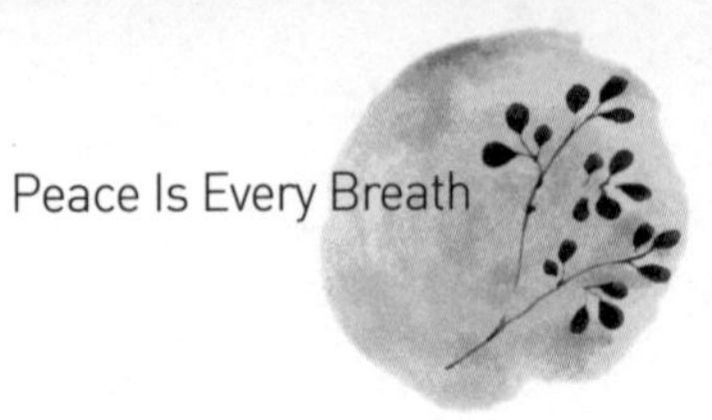

澆水

雨水與陽光
同滋養生命
慈悲的甘露
灌溉著大地
沙漠成綠洲

種植

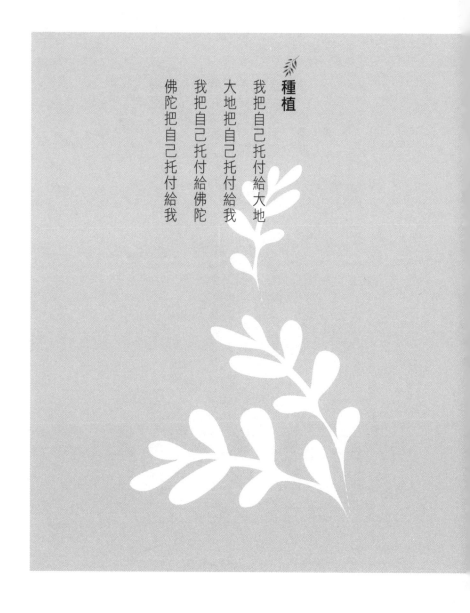

我把自己托付給大地
大地把自己托付給我
我把自己托付給佛陀
佛陀把自己托付給我

摘花

花兒啊
我可以摘下您嗎？
花兒是菩薩
天地的恩賜
令生命美麗

插花

娑婆之地
莊嚴淨土
心地清淨
千花顯現

對憤怒微笑

互相遷怒時
閉目看未來
三百年以後
你我在何方

洗腳

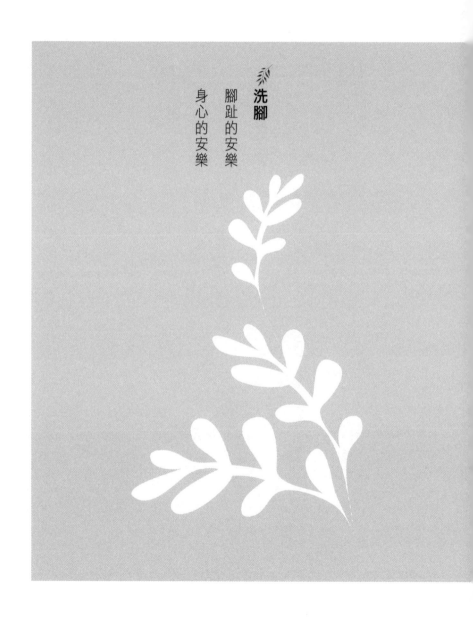

腳趾的安樂
身心的安樂

開車

開動引擎前
先確定方向
我和車一體
車快我亦快

循環

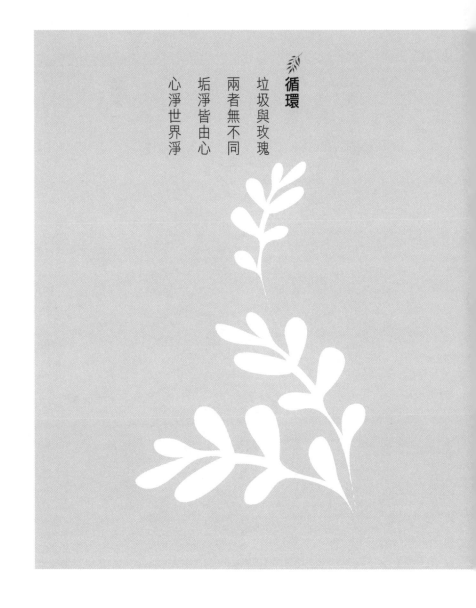

垃圾與玫瑰
兩者無不同
垢淨皆由心
心淨世界淨

結束一天

一天將過去
生命亦隨滅
細心檢視
今天所做的事
慎念無常
精勤修習
自在深刻生活
不讓日子空過

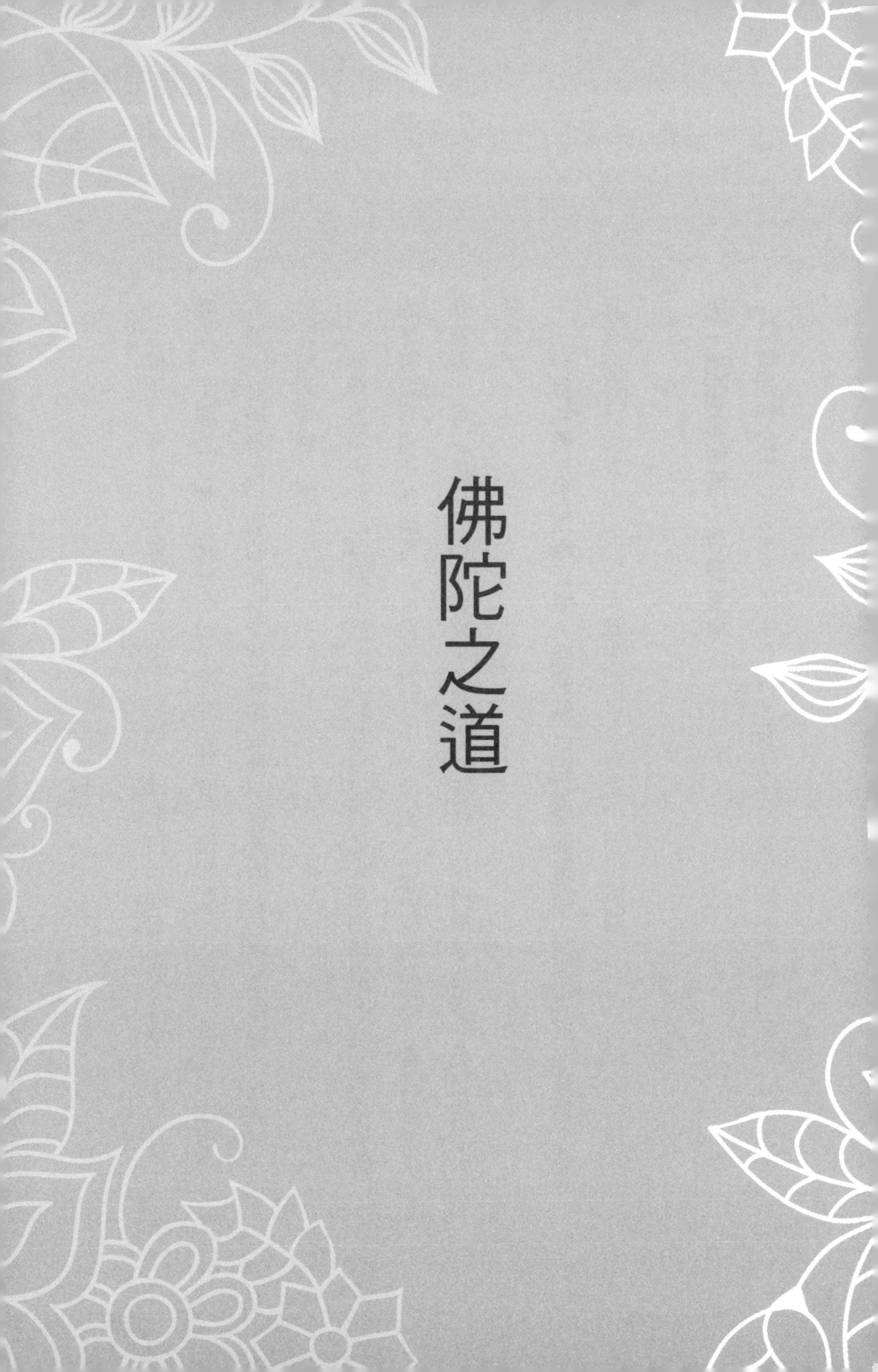

佛陀之道

佛陀之道就是**了解**與**愛**之道。我們已經明白，唯有了解之後，才能真正愛人。了解是智慧。愛是慈悲。佛教的智慧，是相即、正見、無我、緣起的智慧，能夠轉化一切的固執、歧視和仇恨。佛教的五項正念修習（五戒），是深刻的智慧之道。

依循五項正念修習過生活，可以為自己與他人創造無限幸福。本書收錄的修訂版五項正念修習，是佛教對二十一世紀全球道德的願景。實踐五項正念修習，可以長養平和與喜樂，使我們的後代子孫與地球能邁向美好的二十二世紀。

一旦我們走上這條正道，我們就再也不需要害怕。請深思這些修習，並且在你自己的人生、你的家庭生活以及社會中加以實踐。

第一項正念修習：尊重生命

覺知到殺害生命所帶來的痛苦，我承諾培養相即的智慧和慈悲心，學習保護人、動物、植物和礦物的生命。我決不殺生，不讓他人殺生，也不會在思想或生活方式上，支持世上任何殺生的行為。我知道暴力行為是由恐懼、貪婪和缺乏包容所引起，源自於二元思想和分別心。我願學習對於任何觀點、主張和見解，保持開放、不歧視和不執著的態度，藉以轉化我內心和世界上的暴力、盲從和對教條的執著。

第二項正念修習：真正的幸福

覺知到社會不公義、剝削、偷竊和壓迫所帶來的痛苦，我承諾在思想、說話和行為上，修習慷慨分享。我決不偷取或占有任何屬於他人的東西。我會和有需要的人分享我的時間、能量和財物。我會深入觀察，以了解他人的幸福、痛苦和我的幸福、痛苦之間緊密相連；沒有了解和慈悲，不會有真正的幸福；追逐財富、名望、權力和感官上的快樂會帶來許多痛苦和絕望。我知道真正的幸福取決於我的心態和對事物的看法，而不是外在的條件。如果能夠回到當下此刻，我們會覺察到快樂的條件已然具足；懂得知足，就能幸福地生活於當下。我願修習正命，即正確的生活方式，藉以幫助減輕眾生的苦痛和逆轉地球暖化。

第三項正念修習：真愛

覺知到不正當的性行為所帶來的痛苦，我承諾培養責任感，學習保護個人、家庭和社會的誠信和安全。我知道性欲並不等於愛，基於貪欲的性行為會為自己和他人帶來傷害。如果沒有真愛，沒有長久和公開的承諾，我不會和任何人發生性行為。我會盡力保護兒童免受性侵犯，同時防止伴侶和家庭因不正當的性行為而遭受傷害與破壞。認識到身心一體，我承諾學習用適當的方法照顧我的性能量，培養慈、悲、喜、捨這四個真愛的基本元素，藉以令自己和他人更加幸福。修習真愛，我知道生命將會快樂、美麗地延續到未來。

第四項正念修習：愛語和聆聽

覺知到說話缺少正念和不懂得細心聆聽所帶來的痛苦，我承諾學習使用愛語和慈悲聆聽，為自己和他人帶來快樂，減輕苦痛，以及為個人、種族、宗教和國家帶來平安，促進和解。我知道說話能帶來快樂，也能帶來痛苦。我承諾真誠地說話，使用能夠滋養信心、喜悅和希望的話語。當我感到憤怒時，我決不講話。我將修習正念呼吸和正念步行，深觀憤怒的根源，覺察我的錯誤認知，設法了解自己和他人的痛苦。我願學習使用愛語和細心聆聽，幫助自己和他人轉化痛苦，找到走出困境的路。我決不散播不確實的消息，也不會說引起家庭和團體不和的話。我將修習正精進，滋養愛、了解、喜悅和包容，逐漸轉化深藏我心識之內的憤怒、暴力和恐懼。

第五項正念修習：滋養和療癒

覺知到沒有正念的消費所帶來的痛苦，我承諾修習正念飲食和消費，學習方法以轉化身心和保持身體健康。我將深入觀察包括飲食、感官、意志、和心識的四種食糧，避免攝取有毒的食糧。我決不投機或賭博、也不飲酒、使用麻醉品或其他含有毒素的產品，例如某些網站、電子遊戲、電視節目、電影、書刊和談話。我願學習回到當下此刻，接觸在我之內和周圍清新、療癒和滋養的元素。我不會讓後悔和悲傷把我帶回過去，也不會讓憂慮和恐懼把我從當下此刻拉走。我不會用消費來逃避孤單、憂慮或痛苦。我將修習觀照萬物相即的本性，學習正念消費，藉以保持自己、家庭、社會和地球上眾生的身心平安和喜悅。

心得筆記

心得筆記

國家圖書館出版品預行編目資料

呼吸禪：一行禪師教你覺知行思的日常修行偈頌
一行禪師 Thich Nhat Hanh 著　廖建容 譯
初版. -- 臺北市 : 商周出版 : 家庭傳媒城邦分公司發行
2019.01　面；　公分
譯自: Peace Is Every Breath
ISBN　978-986-477-593-4　(平裝)

1.佛教修持　2.生活指導

225.87　　107021049

呼吸禪：一行禪師教你覺知行思的日常修行偈頌

原著書名／Peace Is Every Breath
作　　者／一行禪師 Thich Nhat Hanh
譯　　者／廖建容
責任編輯／陳玳妮

版　　權／林心紅
行銷業務／李衍逸、黃崇華
總 編 輯／楊如玉
總 經 理／彭之琬
發 行 人／何飛鵬
法律顧問／元禾法律事務所 王子文律師
出　　版／商周出版
台北市南港區昆陽街 16 號 4 樓
電話：(02) 25007008　傳眞：(02)25007759
E-mail：bwp.service@cite.com.tw
Blog：http://bwp25007008.pixnet.net/blog
發　　行／英屬蓋曼群島商家庭傳媒股份有限公司城邦分公司
台北市南港區昆陽街 16 號 8 樓
書虫客服服務專線：(02)25007718；(02)25007719
服務時間：週一至週五上午 09:30-12:00；下午 13:30-17:00
24 小時傳眞專線：(02)25001990；(02)25001991
劃撥帳號：19863813；戶名：書虫股份有限公司
讀者服務信箱：service@readingclub.com.tw
城邦讀書花園：www.cite.com.tw
香港發行所／城邦（香港）出版集團有限公司
香港九龍土瓜灣土瓜灣道 86 號順聯工業大廈 6 樓 A 室
E-mail：hkcite@biznetvigator.com
電話：(852) 25086231 傳眞：(852) 25789337
馬新發行所／城邦（馬新）出版集團【Cite (M) Sdn. Bhd.】
41, Jalan Radin Anum, Bandar Baru Sri Petaling,
57000 Kuala Lumpur, Malaysia.
Tel: (603) 90578822　Fax: (603) 90576622
Email: cite@cite.com.my

封面設計／王小美
排　　版／極翔企業有限公司
印　　刷／卡樂彩色製版印刷有限公司
經 銷 商／聯合發行股份有限公司
電話：(02) 2917-8022　Fax: (02) 2911-0053
地址：新北市 231 新店區寶橋路 235 巷 6 弄 6 號 2 樓

■ 2019 年 1 月 23 日初版
■ 2024 年 9 月 12 日初版 5 刷
定價 300 元

Printed in Taiwan

Peace Is Every Breath
by Thich Nhat Hanh

ISBN 978-986-477-593-4

廣　告　回　函
北區郵政管理登記證
北臺字第000791號
郵資已付，免貼郵票

104　台北市民生東路二段141號2樓

英屬蓋曼群島商家庭傳媒股份有限公司城邦分公司　收

請沿虛線對摺，謝謝！

書號：BX1076	書名：呼吸禪	編碼：

請於此處用膠水黏貼

讀者回函卡

不定期好禮相贈！
立即加入：商周出版
Facebook 粉絲團

感謝您購買我們出版的書籍！請費心填寫此回函卡，我們將不定期寄上城邦集團最新的出版訊息。

姓名：________________________ 性別：☐男 ☐女

生日：西元__________年__________月__________日

地址：________________________

聯絡電話：______________ 傳真：______________

E-mail ：

學歷：☐ 1. 小學 ☐ 2. 國中 ☐ 3. 高中 ☐ 4. 大學 ☐ 5. 研究所以上

職業：☐ 1. 學生 ☐ 2. 軍公教 ☐ 3. 服務 ☐ 4. 金融 ☐ 5. 製造 ☐ 6. 資訊

☐ 7. 傳播 ☐ 8. 自由業 ☐ 9. 農漁牧 ☐ 10. 家管 ☐ 11. 退休

☐ 12. 其他________________________

您從何種方式得知本書消息？

☐ 1. 書店 ☐ 2. 網路 ☐ 3. 報紙 ☐ 4. 雜誌 ☐ 5. 廣播 ☐ 6. 電視

☐ 7. 親友推薦 ☐ 8. 其他________________

您通常以何種方式購書？

☐ 1. 書店 ☐ 2. 網路 ☐ 3. 傳真訂購 ☐ 4. 郵局劃撥 ☐ 5. 其他______

您喜歡閱讀那些類別的書籍？

☐ 1. 財經商業 ☐ 2. 自然科學 ☐ 3. 歷史 ☐ 4. 法律 ☐ 5. 文學

☐ 6. 休閒旅遊 ☐ 7. 小說 ☐ 8. 人物傳記 ☐ 9. 生活、勵志 ☐ 10. 其他

對我們的建議：________________________

____

____

【為提供訂購、行銷、客戶管理或其他合於營業登記項目或章程所定業務之目的，城邦出版人集團（即英屬蓋曼群島商家庭傳媒（股）公司城邦分公司、城邦文化事業（股）公司），於本集團之營運期間及地區內，將以電郵、傳真、電話、簡訊、郵寄或其他公告方式利用您提供之資料（資料類別：C001、C002、C003、C011 等）。利用對象除本集團外，亦可能包括相關服務的協力機構。如您有依個資法第三條或其他需服務之處，得致電本公司客服中心電話 02-25007718 請求協助。相關資料如為非必要項目，不提供亦不影響您的權益。】

1.C001 辨識個人者：如消費者之姓名、地址、電話、電子郵件等資訊。
2.C002 辨識財務者：如信用卡或轉帳帳戶資訊。
3.C003 政府資料中之辨識者：如身分證字號或護照號碼（外國人）。
4.C011 個人描述：如性別、國籍、出生年月日。

請於此處用膠水黏貼